BEI GRIN MACHT SICH IHR
WISSEN BEZAHLT

AF152013

- Wir veröffentlichen Ihre Hausarbeit,
  Bachelor- und Masterarbeit

- Ihr eigenes eBook und Buch -
  weltweit in allen wichtigen Shops

- Verdienen Sie an jedem Verkauf

Jetzt bei www.GRIN.com hochladen
und kostenlos publizieren

Bibliografische Information der Deutschen Nationalbibliothek:

Die Deutsche Bibliothek verzeichnet diese Publikation in der Deutschen National-
bibliografie; detaillierte bibliografische Daten sind im Internet über http://dnb.d-
nb.de/ abrufbar.

Impressum:

Copyright © 2014 GRIN Verlag, Open Publishing GmbH
Druck und Bindung: Books on Demand GmbH, Norderstedt Germany
ISBN: 978-3-656-66581-6

Dieses Buch bei GRIN:

http://www.grin.com/de/e-book/273337/handreichung-fuer-den-deutschunterricht-
zu-siegfried-lenz-das-feuerschiff

Dieter Seiffert

Handreichung für den Deutschunterricht zu Siegfried Lenz: "Das Feuerschiff"

GRIN Verlag

GRIN - Your knowledge has value

Der GRIN Verlag publiziert seit 1998 wissenschaftliche Arbeiten von Studenten, Hochschullehrern und anderen Akademikern als eBook und gedrucktes Buch. Die Verlagswebsite www.grin.com ist die ideale Plattform zur Veröffentlichung von Hausarbeiten, Abschlussarbeiten, wissenschaftlichen Aufsätzen, Dissertationen und Fachbüchern.

Dieter Seiffert

Handreichung für den Deutschunterricht

zu

Siegfried Lenz: „Das Feuerschiff"

Unterrichtsentwurf

Inhalt

Die Seitenangaben beziehen sich auf Siegfried Lenz: *Das Feuerschiff*. München: dtv [2]2011 (Sonderausgabe).

Diese Handreichung ist die gekürzte und leicht überarbeitete Fassung einer 2000 im Cornelsen Verlag erschienenen Veröffentlichung.

Interpretation

Siegfried Lenz wählt für seine 1960 erschienene Erzählung *Das Feuerschiff* eine leicht über-
schaubare Ausgangsituation; Handlungsort ist ein altes, nach 1945 reaktiviertes Feuerschiff,
das in der Ostsee festliegt und dessen Kennung anderen Schiffen zur Orientierung dient. Be-
herrscht wird die Szenerie im Wesentlichen von drei Personen bzw. Personengruppen: von
Freytag, dem Kapitän des Feuerschiffs, von seinem verbrecherischen Gegenspieler Dr. Caspary und dessen Gefolgsleuten Edgar und Eddie Kuhl und von der Schiffsbesatzung, die anfangs
auf Seiten des Kapitäns steht, später aber von ihm abrückt und zu einem eigenständigen
Handlungsträger wird. Eine Sonderstellung nimmt Freytags Sohn Fred ein, der auf Drängen
des Vaters die letzte vierzehntägige Wache von Schiff und Besatzung miterlebt. Zwischen
Vater und Sohn besteht von Beginn an ein Spannungsverhältnis, dessen Ursachen sich erst
nach und nach erschließen. In dem Maße, in dem Fred von seinem Vater abrückt, stimmt er
mit der Besatzung überein, wird Teil von ihr.

Mit dem Erscheinen der schiffbrüchigen Verbrecher bricht das Böse in die bis dahin geordne-
te Welt des Feuerschiffes und seiner Besatzung ein; dieses Ereignis setzt die Handlung in
Gang und schafft Konfliktanlässe. Die Verbrecher, die – wie sich nach und nach herausstellt –
bewaffnet sind und vor Mord nicht zurückschrecken, wollen so schnell wie möglich ihre
Flucht fortsetzen. Der Kapitän fügt sich den Befehlen der Gangster und verzichtet auf offenen Widerstand, um Blutvergießen zu vermeiden. Die Mannschaft und auch Fred wollen dagegen unter Einsatz von Gewalt die Verbrecher überwältigen. Der Kapitän lässt sich, obwohl
er schließlich allein gegen alle anderen steht, auch nach dem gewaltsamen Tod eines Mann-
schaftsmitglieds und eines Gangsters nicht in seiner Haltung beirren; erst als das Feuerschiff
selbst als Fluchtfahrzeug eingesetzt werden soll, gibt er seine Position des Abwartens und
Hinhaltens auf und tritt den Verbrechern offen entgegen. Die Erzählung endet mit einer Duellszene, in der sich Freytag und die Verbrecher Dr. Caspary und Eddie Kuhl gegenüberste-
hen. Freytag wird niedergeschossen, Fred rächt seinen Vater und ersticht Eddie.

Wie in vielen anderen seiner frühen Werke ordnet Siegfried Lenz auch im *Feuerschiff* die
wesentlichen Elemente des Erzählens (Raum, Zeit, Personen und Ereignisse) so an, dass der
Stoff holzschnittartig strukturiert erscheint und der Leser/die Leserin ein Tableau vorfindet,
das wie ein Modell wirkt, mit dessen Hilfe allgemeingültige Fragestellungen und Ideen philo-
sophischer und ethisch-moralischer Natur in den Horizont der Leserschaft gerückt werden.

Lenz hat eine „parabolische Grundsituation entworfen und mit epischen Mitteln beglaubigt, in der die Probleme, auf die es ankommt, wie von selbst zutage treten"[1].

Die Handlung spielt im Jahre 1954, neun Jahre nach Ende des Zweiten Weltkriegs, dessen zerstörerisches Potenzial noch nachwirkt: Eine Mine, Relikt vergangener Kriegshandlungen, treibt auf das Feuerschiff zu und droht es zu vernichten. Schlaglichtartig werden Existenzberechtigung und Notwendigkeit des Feuerschiffs sichtbar und sinnfällig.

Während der Erzähler den Zeitumständen und der Zeitdauer der Handlung – sie erstreckt sich über vier Tage – eine so geringe Bedeutung beimisst, dass von einer weitgehenden historischen Entkonkretisierung gesprochen werden kann, kommt dem Schauplatz größere Bedeutung zu. Die Handlung spielt in einem eng begrenzten Raum, der durch den Kontrast mit der Weite des Meeres besonders eng erscheint und die Figuren zu Eingeschlossenen bzw. zu Gefangenen macht; sie können einander kaum ausweichen, die Konflikte erscheinen zwingend und aufs Äußerste zugespitzt. Die Räumlichkeit erinnert an Dramen des Existenzialismus, etwa an Sartres Stück *Geschlossene Gesellschaft* oder an Camus' *Die Pest*. Dadurch, dass der Ort der Handlung, das Feuerschiff, die Funktion hat, anderen Schiffen Orientierung zu sein und ihnen Sicherheit zu garantieren, dies aber nur gewährleistet ist, wenn es unter keinen Umständen seine Position aufgibt, wird der Raum selbst zu einem wichtigen Handlungselement, weist über sich hinaus und bekommt symbolische Bedeutung.

Die Ereignisse sind so arrangiert, dass drei Konflikte unterschiedlichen Gewichts entstehen:
- der Kampf zwischen Freytag und Caspary um die Verfügungsgewalt über das Feuerschiff und um die Bewahrung bzw. Zerstörung eines gegebenen Ordnungssystems,
- die Auseinandersetzung zwischen Freytag und der Mannschaft wegen der Form des Widerstands gegen die Verbrecher,
- der Streit zwischen Freytag und Fred über Handlungsmotive und Persönlichkeitsstruktur des Vaters.

Die beiden Figuren, die den zentralen Konflikt, der die Bedeutsamkeit der Erzählung konstituiert, austragen, sind vom Erzähler völlig gegensätzlich konzipiert. Freytag ist ein alter Mann, der am Ende seines Berufslebens steht und über einen reichen Erfahrungsschatz verfügt. Er sieht die Welt ohne Illusionen und akzeptiert die Macht des Faktischen. Aufschlussreich sind die ihm vom Erzähler zugeordneten, stereotyp wiederholten Verhaltensweisen, die sich wie ein Leitmotiv durch die Erzählung ziehen: Freytag steckt sich zwar eine Zigarette

---

[1] Marcel Reich-Ranicki: Siegfried Lenz, der gelassene Mitwisser – 1963. In: Der Schriftsteller Siegfried Lenz. Urteile und Standpunkte. Hrsg. v. Colin Russ. Hamburg: Hoffmann und Campe 1973, S. 226

zwischen die Lippen, zündet sie aber nicht an, er ballt zwar die Faust, umwickelt sie jedoch mit einem Taschentuch und versenkt sie in der Hosentasche. In beiden Gesten drückt sich aus, dass Freytag gelernt hat, sein Temperament und seine Leidenschaften zu zügeln. Im Umgang mit anderen Menschen ist er spröde, bisweilen autoritär, seine Kommunikationsarmut und die Bestimmtheit seines Auftretens geben ihm den Habitus des einsamen Helden, Geltungsbedürfnis und große Gesten sind ihm jedoch fremd; er befindet sich scheinbar in Übereinstimmung mit sich selbst, weiß um die Bedeutung der ihm übertragenen Aufgabe, will seine Ruhe haben und bekennt ausdrücklich: „ich war nie ein Held, und ich möchte auch kein Märtyrer werden" (S. 64).

Dem zurückhaltenden und verantwortungsbewussten Kapitän Freytag stellt Lenz den zynischen Intellektuellen Caspary gegenüber. Sonnenbrille, klobiger Siegelring, den er gewohnheitsmäßig auf Hochglanz poliert, und ein maskenhaftes Lächeln weisen ihn als einen Menschen aus, der auf Äußerlichkeiten großen Wert legt, etwas zu verbergen hat, Eindruck machen möchte, sich seiner Identität aber nicht sicher ist. Er ist mitteilsam, oft redselig, hat eine rasche Auffassungsgabe, neigt zu Ironie und Sarkasmus.

Auch hinsichtlich ihrer Wertvorstellungen unterscheiden sich beide Figuren. Für Freytag ist das Leben eines Menschen höchstes Gut und unantastbar. Er fühlt sich denen verpflichtet, die ihr Leben der Kennung des Feuerschiffs anvertrauen, er will erreichen, dass alle Besatzungsmitglieder die letzte Wache lebend überstehen, und er würde, so bekennt er in einem Gespräch mit Rethorn, die Schiffbrüchigen auch im Wissen um ihre verbrecherische Vergangenheit und kriminelle Energie noch einmal aus Seenot retten und an Bord holen. Das Feuerschiff bedeutet ihm ein Ordnungssystem, das für die Wohlfahrt der Menschen notwendig ist, dem sich alle blind anvertrauen (können müssen), wodurch es besonders anfällig wird; aber gerade deswegen muss es nach Auffassung des Kapitäns gegen jeden Versuch des Missbrauchs hartnäckig verteidigt werden. Der Kapitän begreift sich als Teil dieser Ordnung, zu deren Bewahrung er, ohne dass es großer Worte und tief greifender Reflexionen bedürfte, durch Unbestechlichkeit, Pflichtbewusstsein, Selbstdisziplin, Standhaftigkeit und Zuverlässigkeit beiträgt. Solche Wertvorstellungen sind seinem Gegenspieler fremd. Caspary gibt sich als Gegner von Ordnung, Wahrheit und Sicherheit zu erkennen, er liebt die Halbwahrheit, das Geheimnisvolle, das Abenteuerliche und Unberechenbare, er ist die Negation jeglicher Moral und verfolgt nur seine eigenen Interessen. Er akzeptiert keine sittlichen Werte als Maßstab für sein eigenes Handeln und das der anderen, hat kein Gewissen und keine Achtung vor den Menschen, alles gerät ihm zum Spiel. Zweierlei macht ihn besonders gefährlich: Er ist ein Schreibtischtäter, der sich selbst nicht die Hände schmutzig macht, sondern sich anderer bedient, um Chaos und Anarchie zu verbreiten. Und er missbraucht unter der Maske bürgerlicher Seriosität (Rechtsanwalt, Werftunternehmer) die Möglichkeiten des Systems zu dessen Destabilisierung und Destruktion, nicht etwa weil er Kritik vorzubringen hat und an dessen Stelle etwas anderes, etwas vermeintlich Besseres setzen möchte, sondern weil er sich selbst inszenieren und Eigenliebe und egomanische Phantasien ausleben will. Die Indifferenz gegenüber allen herkömmlichen Wertvorstellungen, den Mangel an Verantwortungsbewusstsein, das Fehlen von Schuldgefühlen erklärt er selbst damit, dass sein Leben durch einen Fluch, der auf der Familie laste, determiniert sei, ihm also die Freiheit des Willens fehle.[1] Gemeinsam ist Freytag und Caspary, dass die Wurzeln ihres Gedächtnisses in traumatisierenden Ereignissen der Vergangenheit liegen. Lang zurückreichende Schlüsselerlebnisse, aus denen sie allerdings unterschiedliche Schlussfolgerungen ziehen, bestimmen ihre Existenz.

Der zweite Konflikt resultiert daraus, dass Kapitän und Mannschaft unterschiedliche Auffassungen vom richtigen, der Situation angemessenen Handeln haben. Die Mannschaft setzt Freytags hinhaltendem Taktieren die Position eines aktiven Widerstands unter Einschluss physischer Gewalt und Vernichtung von Leben entgegen, was zu einer zunehmenden Entfremdung und schließlich offenen Gegnerschaft führt. Weil sich die Mannschaft in Übereinstimmung mit dem Recht und mit allgemein anerkannten ethischen Konventionen sieht, glaubt sie sich berechtigt, ja geradezu verpflichtet, der Gewalt der Verbrecher aktiv entgegenzutreten. Freytag kann seine Vorstellungen vom richtigen, vernünftigen Handeln nur kraft seines Amtes als Kapitän, nicht aber aufgrund persönlicher Autorität durchsetzen.

Als Freytag sich am Ende gezwungen sieht, seine Hinhaltetaktik aufzugeben, und den Konflikt mit den Gangstern offen annimmt und austrägt, erscheint seine Tat nicht als eine leichtfertige, sondern als eine vielfach bedachte und in jeder Beziehung gerechtfertigte, ja notwendige Aktion, erscheint als Ultima Ratio.

Der Vater-Sohn-Konflikt spielt auf den ersten Blick im Vergleich mit den beiden anderen eine untergeordnete Rolle. Dieser Eindruck entsteht auch dadurch, dass Fred bald mit der

---

[1] Unterschiedlich stringente deterministische Erklärungen finden sich auch in anderen Werken, die der klassischen Schullektüre zuzurechnen sind. In *Kleider machen Leute* erklärt der Protagonist Wenzel Strapinski seine Vorliebe für den schönen Schein mit dem Einfluss der Mutter, die eine „feinere Art" hatte und „wohl auch etwas eitel" war.- Cardillac, Hauptfigur in E.T.A. Hoffmanns *Fräulein von Scuderi*, führt seine Begierde nach Diamanten und Goldschmuck darauf zurück, dass seine Mutter während der Schwangerschaft vom Schmuck eines Adligen so sehr geblendet wurde, dass sie sich auf ein Liebesabenteuer einließ, bei dem der Liebhaber starb. – Friedrich Mergel, die Hauptfigur in Droste-Hülshoffs Novelle *Die Judenbuche*, erscheint als Opfer schädlicher Einflüsse der Dorfgemeinschaft und falscher Erziehung, nicht als Träger freier, selbstbestimmter Willensentscheidungen.

Mannschaft konform geht, also gar nicht eine eigenständige Position vertritt. Es sollte aber zu denken geben, dass Begegnungen und Gespräche zwischen Vater und Sohn die Erzählung eröffnen und beschließen und der ausführliche Bericht Freytags über sein Verhalten während der Levante-Fahrt, mit dem er dem Sohn Rechenschaft gibt, die Mitte der Erzählung bildet.

Der Vater-Sohn-Konflikt unterscheidet sich von den beiden anderen, weil Fred die Wahrhaftigkeit des Vaters in Zweifel zieht und ihm Furchtsamkeit und Feigheit als eigentliche Motive seines Handelns vorwirft. Dies ist ein Angriff auf die moralische Integrität des Vaters; träfe der Verdacht zu, würden Glaubwürdigkeit und Autorität des Alten dauerhaft zerstört.

Die Beziehung zwischen Vätern und Kindern – in der Mehrzahl sind es die Söhne – wird in vielen Werken von Lenz thematisiert. Meistens werden die Väter durch die Jungen in Frage gestellt; oft geht damit die Anklage einher, die Väter würden nicht Rechenschaft über ihre Vergangenheit ablegen und dazu neigen, ihre Verstrickungen zu verharmlosen; sie erwarteten Nachsicht, ja Mitleid, und seien larmoyant.

Auch in der Erzählung *Das Feuerschiff* zeigt der Vater-Sohn-Konflikt einige für die Nachkriegssituation, die Nachkriegsliteratur und den Schriftsteller Siegfried Lenz typische Aspekte: die lange Abwesenheit der Väter, die Fremdheit zwischen den Generationen, Sprachlosigkeit bzw. Schweigen, die Unfähigkeit zu fragen oder zu erzählen, Rechenschaft zu verlangen oder zu geben, eine Unüberbrückbarkeit der Gegensätze. Der Sohn leidet am Vater, aber nicht – wie zum Beispiel in der Literatur um 1900 – an dessen Stärke und Dominanz oder an der Doppelbödigkeit der väterlichen Moral, sondern an seiner vermeintlichen Schwäche. Erkennbar ist jedoch auch das zaghafte und oft unbeholfene Bemühen des Vaters, die Zuneigung des Sohnes zu gewinnen, seine Geduld, seine Hoffnung, der Sohn möge sich öffnen; Freytag ringt sich sogar dazu durch, über seine Vergangenheit Auskunft zu geben. Wie schwer ihm dies fällt, sieht man daran, dass er phasenweise nicht als Ich-Erzähler über die Levante-Vorkommnisse berichtet, sondern Lubisch als potentiellen Erzähler wählt. Sein Bericht kann die Bedenken des Sohnes nicht ausräumen, die Ereignisse auf dem Feuerschiff können es noch weniger, der von Freytag angestrebte Annäherungs- und Erziehungsprozess misslingt. Der verständnisvolle Vater kann den zunächst zweifelnden, später verständnislosen Sohn nicht überzeugen. Das Dilemma Freytags besteht darin, dass er den Sohn nur für sich gewinnen kann, wenn er sich selbst opfert. Erst sein Ende (sein Tod?) widerlegt den Sohn und räumt dessen Zweifel an der moralischen Integrität des Vaters aus. Dass dies tatsächlich gelingt, wird in der Anrede „Vater", die der Sohn am Schluss der Erzählung verwendet, deutlich. Der letzte Redebeitrag des Vaters, die doppeldeutige Frage an den Sohn „Alles in Ordnung?" und dessen bejahende Antwort, spielt auf die Ordnungsvorstellungen des Kapitäns an, sodass der Leser den Eindruck gewinnen muss, in der Schlussszene, die alle Konflikte zusammenfasst und löst, würde Freytag nicht nur als Kapitän, sondern auch als Vater bestätigt. Bemerkenswert ist, dass die Tat des Vaters, seine Selbstopferung, erst durch das unterstützende Eingreifen des Sohnes zum Ziel führt; beide sind am Schluss im Handeln vereint..

Ein Held im herkömmlichen Sinn ist Freytag aber nicht. Auch für ihn gilt, was Reich-Ranicki über die Figuren von Lenz sagt: "Nicht Kämpfer sind die wichtigsten Gestalten von Lenz, sondern passive Naturen, die sich verfolgt und bekämpft sehen. [...] Sie wollen lediglich das Leben bestehen, sich gegen die auf sie einstürmenden Mächte verteidigen – das gilt für die Helden der frühen Romane ebenso wie für den Kapitän Freytag in der Erzählung *Das Feuerschiff*. Es sind immer Menschen in der Defensive, Opfer der zeitgeschichtlichen Verhältnisse oder des Lebens schlechthin."[1] Freytag fehlt nicht nur die Aura des Helden, er ist auch in seinen Ansichten und Handlungen scheinbar widersprüchlich. Beispielsweise wirkt befremdend, dass Freytag als Kapitän der „Klintje" die Versorgung der Hunger leidenden Menschen mit Weizen vom Ausgang der Ringkämpfe zwischen Kaxi und Besatzungsmitgliedern abhängig macht und er sich selbst sogar an den männlichen Kampfritualen beteiligt. Es spricht nicht für sein Verantwortungsbewusstsein und seine Souveränität, wenn er sich immer wieder auf die Befehle von Vorgesetzten und Amtsinhabern beruft, um seine Handlungsweise zu rechtfertigen und sich Diskussionen zu entziehen. Er hält starr an seiner Vorgabe, alle lebend nach Hause zu bringen, auch dann noch fest, als es bereits Tote auf dem Feuerschiff gegeben hat. Vor allem in der Levante-Episode, die ihn in einer äußersten Grenzsituation zeigt und die für ihn ein existentielles Erlebnis ist, wird nicht klar, wann sein Handeln an ganz bestimmten Prinzipien orientiert ist und wann er sich taktisch verhält. Zweifel oder gar Selbstzweifel sind ihm weitgehend fremd. Eine selbstkritische Überlegung des Kapitäns wie die folgende – es geht um Eintragungen ins Logbuch – hat Seltenheitswert: „[...] und der ewig wiederkehrende Schluß – keine besonderen Ereignisse – erschien ihm wie eine unbequeme Lüge, mit der er seine Versäumnisse zu decken versucht hatte oder seine Unfähigkeit, wirklich alles zu erfahren, was sich ereignet hatte." (S. 82) Freytags Gegnerschaft zu Caspary, dem personifizierten Bösen, beweist noch nicht, dass der Erzähler ihm die Rolle des guten Menschen zugedacht hat, so wenig wie der Schluss als Bestätigung dafür gelten kann, dass er im Recht war oder ist. Freytag ist ein unvollkommener und unheroischer Mensch, jemand, der seine Pflicht erfüllt, der sich klein macht und nicht in Erscheinung treten will, der vorführt, dass aus dem

---

[1] Reich-Ranicki, a.a.O., S. 223

Bewusstsein seiner besonderen Verantwortung Angst, Zögerlichkeit und Vereinsamung erwachsen; auch deswegen erscheint er als Zauderer. Der Erzähler stellt seine Hauptfigur wegen ihrer Schwächen nicht bloß, sondern begleitet sie im Sinne einer künstlerischen Mitwisserschaft mit Verständnis und Zuneigung. „In den frühen Sechzigerjahren liebten es die Erzähler […], das durchschnittliche Leben als werthaft, sogar als einzig beachtenswert, darzustellen."[1] Freytag könnte unbesehen als Repräsentant dieser Tendenz gelten, wenn er nicht am Schluss, als er sich für die allgemeine Wohlfahrt und gegen das eigene Leben entscheidet, geradezu über sich hinauswüchse und zum Helden wider Willen würde. Seine Tat erscheint als Ergebnis eines langwierigen Prozesses, sie geschieht nicht aus Leichtfertigkeit oder um ihrer selbst, sondern um der als richtig und notwendig erkannten Ziele willen und sie schließt die Bereitschaft zum persönlichen Opfer – auch des eigenen Lebens – ein.

Die Erzählung *Das Feuerschiff* erlaubt vor allem wegen ihrer historischen Abgehobenheit und ihrer Nähe zur Parabel mehrere Lesarten, die einander nicht ausschließen, aber doch anders akzentuieren:

– In dem 1966 erschienenen Essay *Mein Vorbild Hemingway* nennt Lenz zunächst mehrere Gründe für die Faszination, die der amerikanische Autor auf ihn am Anfang seiner Schriftstellerkarriere ausgeübt hat; unter anderem erwähnt er die „Erfahrung, daß alle Konflikte des Menschen von der Kriegsregel bestimmt werden, und […] die Ansicht, daß ein einziger Augenblick ausreicht, einen Menschen zu überprüfen."[2] Dem stellt er gegenüber, was er in späteren Jahren bei Hemingway vermisste: „[…] das ist die Zeit zwischen und nach den Niederlagen, das sind die Jahre der Entscheidungslosigkeit, das sind die Vorspiele und Nachspiele zu den Sekunden der Prüfung. […] Er [Hemingway] hatte sich damit begnügt, die Tat zu feiern – ich bestand darauf, auch verstehen zu lernen, was eine Tat begünstigt oder nachträglich widerlegt."[3] Das Feuerschiff lässt sich wie eine literarische Beglaubigung dieser Zweifel an der Hemingway'schen Idealisierung der Tat um ihrer selbst willen, an einer unkritischen Verklärung des Männlichen, des Heldentums, der Tapferkeit und an der eindimensionalen Wahrnehmung von Wirklichkeit lesen. Lenz schreibt eine „Absage an ein pseudo-historisches Ideal des Kämpfers. Ihm wird das verantwortungsbewusste individuelle Handeln im Interesse anderer, der Gesellschaft, entgegengesetzt."[4]

---

[1] Hans Mayer: Deutsche Literatur 1945 – 1985. Berlin: Siedler 1998, S. 202
[2] Siegfried Lenz: Mein Vorbild Hemingway. In: Werkausgabe in Einzelbänden. Bd. 19: Essays 1. 1955 – 1982. Hamburg: Hoffmann und Campe 1997, S. 66
[3] Siegfried Lenz: Mein Vorbild Hemingway. In: Werkausgabe, Bd. 19, S.75
[4] Geschichte der deutschen Literatur. Bd. 12: Literatur der BRD. Berlin: Volk und Wissen 1983, S. 492

– *Das Feuerschiff* kann auch als Modell rezipiert werden, das dem philosophischen Existen-zialismus verpflichtet ist; danach ist die existenzielle Grundbefindlichkeit des Menschen durch seine problematische Freiheit zur Entscheidung zwischen allen denkbaren Möglich-keiten, durch seine Schuldhaftigkeit und durch seine Verlassenheit gekennzeichnet. Freytag wird in eine Grenzsituation gestellt, die ihn zu Entscheidungen zwingt, die er nicht treffen will, die ihn in Konflikt mit seinem Bedürfnis nach Ruhe und Harmonie bringen, die ihn von anderen Menschen entfernen und einsam machen, die zum Teil seinen eigenen Erfahrungen und Wertvorstellungen zuwiderlaufen und ihn – wie immer er entscheidet – schuldig werden lassen. Indem er sich opfert, verstößt er gegen die Pflicht, Leben – das höchste Gut – zu be-wahren. Und doch realisiert er mit dieser nur scheinbar frei getroffenen und mit höchster Be-wusstheit vollzogenen Entscheidung in der aufs Äußerste zugespitzten Situation am Ende der Erzählung seine Existenz. In einem Essay nennt Lenz zwei Kennzeichen solcher Grenzsitua-tionen: „die Unmöglichkeit einer freien Entscheidung und die Möglichkeit, beliebig zu wäh-len".[1]

– Schließlich kann die Erzählung auch als „eine allegorische Analyse bedrohter Ordnung" und als eine „Warnung vor allzu großen Sicherheitsgefühlen einer Öffentlichkeit, die glaubt, dass Deutschland bereits von den Bedrohungen der Diktatur befreit sei", verstanden werden.[2] Das Feuerschiff hat die Aufgabe, die Folgen des Krieges und der Diktatur zu beseitigen und die neue Ordnung abzusichern. Gefahr droht ihm von außen durch eine scharfe Mine, einem Relikt der Vergangenheit, von innen durch den verantwortungslosen Abenteurer Caspary, der Chaos und Anarchie an die Stelle eines geordneten Zusammenlebens setzen will. Die größte Bedrohung aber liegt „in dem unkritischen Vertrauen der Menschen zu den Institutionen, die ihre Existenz ordnen. Die Gesellschaft muss einigen ihrer Mitglieder die Vollmacht erteilen, Ordnung zu halten, aber wenn diese Vollmacht delegiert worden ist, müssen alle aufpassen, wie sie gehandhabt wird".[3] Es darf unterstellt werden, dass in die Erzählung Fragestellungen eingeflossen sind, die die politische Diskussion der 50er Jahre des letzten Jahrhunderts be-stimmt haben, zum Beispiel die Auseinandersetzungen um die Wiederbewaffnung der Bun-desrepublik („Ohne-mich-Haltung" bei den Gegnern, „Lieber tot als rot" bei den Befürwor-

---

[1] Siegfried Lenz: Der unspaltbare Nachtkern. Werkausgabe, Bd. 19, S. 108
[2] Kenneth Eltis: Siegfried Lenz und die Politik. In: Der Schriftsteller Siegfried Lenz, a. a. O., S. 85 und 87
[3] Eltis, a. a. O., S. 86 – Lenz selbst stützt eine eher politische Deutung; im Zusammenhang mit seiner Erzählung *Das Feuerschiff* fragt er: „Wann merken wir, wann können wir merken, daß die Institutionen der Sicherheit mit den Falschen besetzt sind, die nur ein vertrackter, äußerlicher Zwang dazu anhält, die Spielregeln der Ordnung zu beachten? Ist es möglich, daß auf den einkommenden und seegehenden Schiffen nur nach den Signalen gefragt wird und nicht nach denen, die diese verpflichtenden Signale geben? Und was muß wirklich geschehen, wenn die Mächtigen ein Signal in ihrem Sinne geben?"

tern einer Wiederbewaffnung) oder um die ursprünglich beabsichtigte Ausrüstung der Bundeswehr mit Atomwaffen und die damit verbundene Frage, wer über deren Einsatz verfügen darf. Und es darf vermutet werden, dass die öffentliche Diskussion über die Schuld der Nichttäter, also die Schuld derer, die selbst nicht aktiv waren, aber den Missbrauch von Gewalt im Dritten Reich toleriert und sich selbst mit dem System arrangiert haben, ihren Niederschlag gefunden hat. - Die zeitgeschichtliche Problematik, die möglicherweise den Anstoß gegeben hat, verflüchtigt sich allerdings bis zur Unkenntlichkeit.

Um den Leser für seine Fragestellungen und Themen zu gewinnen, entwickelt Lenz eine übersichtlich konstruierte Geschichte, die er auf eine traditionelle Weise erzählt. Die Handlung wird weitgehend linear dargeboten und ist auf die Schlussszene hin ausgerichtet. Umfangreichere Rückblenden, zum Beispiel Freytags Rechtfertigung seines Verhaltens auf der „Klintje" und Casparys Lebensbeichte, stellen rein formal keine Abweichungen vom chronologischen Schritt-für-Schritt-Erzählen dar, weil sie Gesprächsbeiträge der beteiligten Figuren sind. Freytags Ausführungen haben wegen ihres Umfangs und ihrer Funktion für das Erzählganze viel größeres Gewicht als die Konfessionen Casparys, deren situative Angemessenheit vom Erzähler nur schwer plausibel gemacht werden kann. Freytags rückblickende Einlassung dagegen offenbart nicht nur den Grund für Freds Feindschaft gegenüber dem Vater, sondern führt exemplarisch eine Vater-Figur vor, die, wenn auch widerwillig, der jungen Generation Rechenschaft über die eigene Vergangenheit gibt, und sie verdeutlicht, dass Freytag bereits früher eine Ausnahmesituation ähnlich der jetzigen erlebt hat, dass er schon einmal auf die Probe gestellt worden war, dass er somit auf Erfahrungen zurückgreifen kann und dass er möglicherweise durch Zögern und falsches Verhalten Schuld auf sich geladen hatte.

Die Erzählperspektive ist so gewählt, dass der Erzähler kaum in Erscheinung tritt; er gibt nicht vor, allwissend zu sein; Einmischungen, Reflexionen, Kommentare, zukunftsgewisse Vorausdeutungen – alles Erzählmittel eines auktorialen Er-Erzählers – fehlen. Wahrheiten über das hinaus, was die Figuren tun und sagen, gibt es nicht. Beobachtungsfigur ist in der Regel Kapitän Freytag, durch ihn erfährt der Leser am meisten, er ist in fast allen Szenen präsent, durch seine und gelegentlich durch Freds und Gomberts Perspektive erlebt der Leser die Ereignisse auf dem Feuerschiff. Auffallend ist, dass der Erzähler trotz aller Nähe zu seiner Hauptfigur zurückhaltend ist, wenn es darum geht, deren Gedanken, Gefühle oder Bewusstseinsinhalte mitzuteilen. Erst zum Ende der Erzählung mehren sich Textstellen, die genaueren Aufschluss über die Gedanken- und Gefühlswelt des Kapitäns geben.

In seiner oft zitierten Rede, mit der Lenz sich für die Verleihung des Bremer Literaturpreises bedankt hat, bekennt er ausdrücklich, er „schätze nun einmal die Kunst, herauszufordern, nicht so hoch ein wie die Kunst, einen wirkungsvollen Pakt mit dem Leser herzustellen, um die bestehenden Übel zu verringern".[1] Dass dieser Pakt tatsächlich zustande kommt, liegt sicher auch an seiner „recht konservativen und fein abgewogenen Erzähl- und Stiltechnik, die nicht immer auf den ersten Blick besticht, dafür aber von ehrlicher und deshalb umso eindringlicherer Bescheidenheit zeugt"[2], liegt zum Beispiel an seiner Fähigkeit, „Konflikte in den ungebrochenen Vorgang konventioneller Geschichten einzukleiden"[3] und spannend erzählen zu können. Lenz entfaltet im *Feuerschiff* einen weit gesteckten Spannungsbogen, der die gesamte Handlung auf die Duellszene am Schluss der Erzählung ausrichtet. Weil dies möglicherweise nicht ausreicht, den Leser zu fesseln, fügt er zum einen in wohl überlegten Abständen neue, unerwartete Handlungsimpulse ein (z. B. Schlägerei zwischen Zumpe und Eddie, Besuch des Versorgungsschiffs, Gefahr durch eine Mine), belässt es zum anderen oft bei Andeutungen, die ein Geschehen zunächst rätselhaft erscheinen lassen und in dem Leser den Wunsch nach Enthüllung und Aufklärung wecken. Der Pakt mit den Lesern wird befördert durch die Dominanz des Szenischen und durch die zahlreichen Dialoge, wodurch Ereignisse und Figuren in den Vordergrund gerückt werden, durch fast stereotyp wiederholte Handlungen, die zum Teil wie Leitmotive wirken und deutliche Hilfen zum Verständnis der Erzählung darstellen, durch eine manchmal recht vordergründige Verwendung markanter Symbole (z. B. Feuerschiff, Logbuch, Mine). Zum Einverständnis zwischen Erzähler und Leser trägt auch bei, dass der Erzähler sehr genau über seinen Erzählgegenstand Bescheid weiß. Dies zeigt sich etwa in der Präzision bei der Beschreibung von Gegenständen und Handlungsabläufen im Umfeld der Schifffahrt, in dem behutsamen Einsatz von Begriffen aus der seemännischen Fachsprache, in der Anschaulichkeit der Schilderung der Meereslandschaft, in der Fähigkeit, die Atmosphäre dieser Landschaft sprachlich heraufzubeschwören. Lenz versteht es schon in diesem Frühwerk meisterhaft, gegenständliche Genauigkeit und atmosphärische Dichte zu verknüpfen – „eine Kunst, in der ihm kein deutscher Gegenwartsautor gleichkommen dürfte"[4].

---

[1] Siegfried Lenz: Der Künstler als Mitwisser. Eine Rede in Bremen. In: Werkausgabe, Bd. 19, S. 87
[2] Albert R. Schmitt: Schuld im Werke von Siegfried Lenz. Betrachtungen zu einem zeitgemäßen Thema. In: Der Schriftsteller Siegfried Lenz, a. a. O., S. 96
[3] Johann Lachinger: Siegfried Lenz. In: Der Schriftsteller Siegfried Lenz, a. a. O., S. 237 - 259
[4] Dieter Borchmeyer: Wind in den Knoten. Die späte Meisterschaft des Siegfried Lenz. In: Die Zeit 42/1999 (14.10.1999), Literatur S. 8

Didaktische Überlegungen

Die folgende Unterrichtsplanung geht von der Annahme aus, dass die Erzählung *Das Feuerschiff* in Klassen 9 oder 10 gelesen wird. Das bedeutet zwangsläufig, dass nicht alle in der Interpretation angesprochenen Rezeptionsmöglichkeiten zum Tragen kommen können. Zum Beispiel bleiben der in der Erzählung nur angedeutete geschichtliche und politische Gehalt und die mögliche Bindung an den französischen Existenzialismus unberücksichtigt. Diese Aspekte sind für die Lehrkraft von Interesse, wenn sie die Erzählung geistesgeschichtlich und literaturhistorisch einordnen möchte, für SchülerInnen der Sekundarstufe I aber nicht relevant und kaum vermittelbar. (Anders sieht es aus, wenn *Das Feuerschiff* in der Sekundarstufe II gelesen wird, etwa als Beispiel für Tendenzen deutscher Literatur in der Bundesrepublik der 50er Jahre des letzten Jahrhunderts.)

Auch wenn die oben genannten Lesarten unberücksichtigt bleiben, bietet die Lektüre Schülern noch genug Widerstände: Die Konflikte, die Lenz entfaltet, haben als Hintergrund die heute nur schwer nachvollziehbaren Erfahrungen mit dem Nationalsozialismus, das schockierende Erlebnis des Krieges und die Schrecknisse von Flucht und Vertreibung. Hinzu kommt, dass Lenz die Konflikte in einem Milieu ansiedelt, das ganz und gar von Männern bestimmt wird. Für Schülerinnen fehlt eine Identifikationsfigur bzw. ein Identifikationsangebot. Nicht zu übersehen ist außerdem, dass moralische Fragen, wie sie Lenz in seiner Literatur aufwirft, aus der gegenwärtigen öffentlichen Diskussion weitgehend verschwunden sind. In krisenhaften Ausnahmesituationen fließen zwar auch moralische Argumentationen in den politischen Diskurs ein, bleiben aber resonanz- und folgenlos. Schließlich erweist sich der große Umfang der Erzählung als ein Hindernis, das den Zugang der Schüler erheblich erschweren kann. Hierin liegt aber auch die Chance – besonders im Hinblick auf zukünftige Anforderungen des Literaturunterrichts der Sekundarstufe II –, dass Schüler frühzeitig lernen, „einen umfangreichen und nicht auf den ersten Blick zu durchschauenden Text zu strukturieren, Schwerpunkte der Betrachtung zu finden, geheime Verweisungen zu entdecken und so eine dicht geknüpfte Textur zu durchschauen. Das erfordert und trainiert ein gewisses Durchhaltevermögen, das der Leser braucht, um z. B. dem Roman gewachsen zu sein."[1] Die Schwierigkeiten erscheinen dann weniger erheblich, wenn man bedenkt, dass Lenz eine handlungs- und konfliktreiche Geschichte erzählt, die klar strukturiert ist und deren Sprache auch Schülern einer Klasse 9

---

[1] Doris Marquardt: Erzählung, Novelle und Kurzgeschichten im Unterricht. – In: Taschenbuch des Deutschunterrichts. Bd. 2. Hrsg. von Günter Lange [u. a.] Hohengehren: Schneider [5]1994, S. 556 ff.

keine Stolpersteine in den Weg legt. Für den Unterricht wirkt sich vorteilhaft aus, was von einem Teil der Literaturkritik bemängelt und von Lenz selbstkritisch eingeräumt wird, dass er – zumindest in seinen Anfängen – in erzieherischer Absicht geschrieben hat und deshalb bestrebt war, vieles in seinen Texten überdeutlich kenntlich zu machen und enorm „auszuflaggen".[1] Die Kombination von pädagogischer Absicht, klarer Kenntlichmachung und erzählerischer Spannung, die sicher ein Geheimnis seines Publikumserfolges ist, erleichtert Jugendlichen den Zugang zu seiner Erzählung.

Die Stundenskizzen legen den Schwerpunkt auf die Konflikte, die die Handlung tragen, und auf die moralischen Dilemmata, in denen sich Kapitän Freytag befindet. Diese Akzentuierung trägt auch der Erfahrung Rechnung, dass Jugendliche dieses Alters offen sind für die Erörterung moralischer Fragen und sich durch die von Lenz konstruierten Handlungssituationen angesprochen und herausgefordert fühlen. Da der Autor darauf verzichtet, Entscheidungshilfen und Handlungsrezepte anzubieten, finden jugendliche Leser einen Simulationsraum vor, den sie mit eigenen alternativen Entwürfen gestalten können.

Die Sequenzen fördern überwiegend einen analysierenden und reflektierenden Umgang mit dem Text und streben ein eher distanziertes Leseverhalten an. Jedoch werden im Rahmen der Stundenskizzen vereinzelt, in einem nachgestellten Kapitel in größerer Zahl Ergänzungs- und Alternativmöglichkeiten für einen identifikationsfördernden handlungs- und produktionsorientierten Unterricht vorgeschlagen.

---

[1] Vgl. Martin Gregor-Dellin: Gespräch mit Siegfried Lenz. In: Text + Kritik, Heft 52, S. 31 f.

Stundenskizzen

Vorbemerkung

Vor allem der Umfang der Erzählung zwingt die Lehrkraft zu einer gründlichen Vorüberlegung darüber, wie sich die SchülerInnen ihrer Lerngruppe den Text erlesen und verfügbar machen sollen. Folgende Möglichkeiten bieten sich an:

– Die Schüler lesen den Text abschnittweise von Stunde zu Stunde zu Hause. Bei der Einteilung kann sich die Lehrkraft an den vom Autor vorgegebenen sieben Kapiteln orientieren:

1: S. 5 – 22	4: S. 69 – 88	7: 117 - 125
2: S. 22 – 37	5: S. 88 – 104	
3: S. 37 – 69	6: S. 104 – 116	

– Der Text wird vor Beginn der Unterrichtseinheit ganz gelesen, die Schüler unterstreichen und machen Randnotizen.

– Der Text wird zu Hause gelesen; die Schüler erhalten gezielte Arbeitsaufträge: Sie unterstreichen bzw. markieren verschiedenfarbig im Text, wenn beispielsweise folgende Aspekte angesprochen werden: Konflikt Freytag – Caspary, Konflikt Freytag – Fred, Konflikt Freytag – Mannschaft, Symbolik des Schiffes. Diese Aspekte ließen sich jeweils auch auf Gruppen verteilen.

Alternativ: Die Schüler schreiben zentrale Textstellen, in denen die oben genannten Aspekte thematisiert werden, als wörtliche oder sinngemäße Zitate oder als Stichworte unter Angabe der Seite auf Karteikarten. Beide Vorgehensweisen zielen darauf, den Schülern Verfahren zu zeigen, mit denen sie sich umfangreiches Textmaterial verfügbar machen können, und sind geeignet, Arbeitstechniken zu erproben, die im Oberstufenunterricht wichtig werden.

- Die Schüler führen ein Lesetagebuch.

Die folgende Unterrichtsplanung geht davon aus, dass die Schüler *Das Feuerschiff* vor Beginn der Unterrichtseinheit gelesen haben.

Auf einen Blick – Inhaltsübersicht

Sequenz 1

Der Anfang der Erzählung

1 Unterrichtszusammenhang

Textgrundlage ist der erste Teil der Exposition (bis S. 15).

Es geht darum, dass die SchülerInnen ein Gefühl für den Erzählrhythmus und den Erzählstil bekommen und dass ihnen bewusst wird, wie planvoll und überlegt der Erzähler die LeserInnen an seinen Stoff und die Handlung heranführt.

Das Feuerschiff und das Meer bestimmen am Anfang die Szenerie, Menschen treten noch zurück. Informationen über Aussehen und Beschaffenheit des Feuerschiffs, über dessen Aufgaben, seine Dienstzeit als Feuerschiff und sein voraussichtliches Ende verknüpft der Erzähler mit Beschreibungen des Meeres, die wegen ihres Stimmungsgehalts zu Schilderungen changieren. Die Zeitangaben „an jenem diesigen Morgen" (S. 6) und „Es war der zweite Morgen auf ihrer letzten Wache" (S. 7) konkretisieren die scheinbare zeitliche Abgehobenheit, der Erzähler fügt der räumlichen Szenerie Personen hinzu, gibt ihnen Namen, Gestalt und zum Teil auch Eigenschaften und Kurzbiografien. Schon hier zeigt sich die Neigung des Erzählers, die Figuren bei ihrem ersten Auftreten knapp zu beschreiben und durch eine Eigenart, eine Verhaltensauffälligkeit oder durch eine Anekdote zu vergegenwärtigen und unverwechselbar zu machen. Kapitän Freytag und anfangs auch seinem Sohn Fred fällt die Aufgabe zu, den Leser zu führen und ihn mit den Gegebenheiten vertraut zu machen. – Der erste Teil der Exposition schließt, als Fred das im Meer treibende Boot entdeckt. Dieses Ereignis gibt der bis dahin eher ereignisarmen Erzählung starke Handlungsimpulse.

2 Unterrichtsziele

Die Schüler

– lesen den Textanfang laut,

– äußern ihre ersten Eindrücke über Einleitung, Erzählstil und Erzählrhythmus,

– erkennen, dass der Erzähler zunächst eine Vorstellung von den Gegenständen, dem Handlungsort und der Zeit, dann erst von den Menschen vermittelt,

– entnehmen dem Text die wichtigsten Informationen über Beschaffenheit und Funktion des Feuerschiffs,

– erkennen, dass Spannung auch daraus erwächst, das der Leser zunächst nicht erfährt, wer

17

die Akteure sind, und dass der Erzähler es bei Andeutungen belässt, die der Leser nicht einordnen kann und auf deren Auflösung er wartet,

– erkennen, wie der Erzähler die Personen vorstellt,

– erkennen, dass die Entdeckung des Bootes der Handlung starke Impulse gibt,

– können die Art, wie Lenz in seine Erzählung einführt, beschreiben und dazu Stellung nehmen.

3 Unterrichtsverlauf

3.1 Der Text wird von einzelnen Schülern bis „...zu ihnen an Bord stieg." (S.15) laut gelesen.

3.2 Offene Aussprache über die Leseeindrücke; Stellungnahmen und Wertungen sind erwünscht.

3.3 Wie beginnt der Erzähler seinen Text? Was tut er, um den Leser einzuführen, möglichst zum Lesen zu verführen?

– Situationen, Zustände, Erklärungen über Zusammenhänge bestimmen den Anfang. Handlungen und Ereignisse fehlen zunächst.

– Offensichtlich will der Erzähler Gegenstände und den Raum zur Anschauung bringen und Stimmungen vermitteln. Er „malt ein Bild".

– Zeitangaben grenzen zunehmend ein, präzisieren und konkretisieren, ordnen die Welt in ein zeitliches Kontinuum.

3.4 Welche Personen führt der Erzähler ein? Wie geht er dabei vor?

– Anfangs Verzicht auf Personennamen. Nur Personalpronomen und Possessivpronomen, ähnlich wie bei vielen Kurzgeschichten.

Offensichtlich sollen die Menschen zunächst hinter den Dingen (Feuerschiff) und dem Meer zurücktreten.

– Freytag, der Kapitän, übernimmt eine vermittelnde Funktion zwischen Autor und Leser, stellt Schiff und Mannschaft vor - Beschreibung seiner äußeren Erscheinung - Kurzbiografie - Eigentümlichkeiten: kalte Zigarette zwischen den Lippen, Umwicklung der Hand mit einem Taschentuch (S. 10 oben).

– Fred, der Junge/Sohn: zeitweilig Perspektivfigur - unmittelbare Vorgeschichte seiner Anwesenheit (Krankenhausaufenthalt wegen einer Quecksilbervergiftung) - Feindseligkeit gegenüber dem Vater - keine Beschreibung, keine Charakterisierung).

– die Mannschaft:

Gombert: Besitzer der Krähe Edith, der er das Sprechen beibringen will

Philippi: Funker, kleiner schmächtiger Mann

Zumpe: zwergenhaftes Aussehen, Nacken tief gefaltet, wulstiges Gesicht; war im Krieg torpediert und lange vermisst worden, trägt seine eigene Todesanzeige, die seine Frau aufgeben soll, immer bei sich

Rethorn: Steuermann, trägt immer gestärkte und gebügelte Kleidung und einen Binder

Soltow: Maschinist

Trittel: Koch; mager, magenleidendes Aussehen

– *Der Erzähler setzt durch Knappheit oder Ausführlichkeit Akzente und versucht, fast jede Person unverwechselbar zu machen. Das bewirkt Trennschärfe und ist für den Leser eine Orientierungshilfe. In Bezug auf Freytag und seinen Sohn sind die Bezeichnungen „der Alte" und „der Junge" besonders aufschlussreich.*

- *Die Personen sind in erster Linie durch ihren Beruf bzw. ihre Funktion bestimmt. Es handelt sich um „kleine Leute"; sie haben nichts „Heldenhaftes".*

3.5 Welche Spannungsimpulse enthält der erste Teil der Einleitung? Welche werden durch Andeutungen, welche durch Handlung hervorgerufen?

– *Feindseligkeiten zwischen Vater und Sohn (Handlung und Andeutung)*

– *Erwähnung von Vorkommnissen auf einer Levante-Fahrt des Vaters (Andeutung)*

– *Entdeckung und Ankunft des Bootes (Handlung)*

3.6 Wann ist die Exposition abgeschlossen?

– *Der Begriff ‚Exposition' kommt ursprünglich aus der Dramatik. Exposition meint die Einführung der Zuschauer in Zeit und Ort der Handlung und in den Personenkreis. Sie wird abgeschlossen durch das „erregende Moment", das auf einen beginnenden schwerwiegenden Konflikt hindeutet und eine Steigerung der Handlung darstellt.*

– *Die Exposition scheint mit der Ankunft des Bootes abgeschlossen, doch wird das ganze Konfliktpotential erst sichtbar, als Zumpe offenlegt, dass es sich bei den Bootsinsassen um schwer bewaffnete Gangster handelt, und von Freytag eine Entscheidung verlangt, was mit den Waffen geschehen soll.*

Ergänzung/Alternative

Ergänzend ließe sich darüber diskutieren, ob der Erzählanfang, wie Lenz ihn wählt und gestaltet, geeignet ist, Jugendliche zum Lesen zu verführen. In dem Gespräch könnten die Schüler Vorschläge für einen anderen, einen in ihren Augen „besseren" Erzählbeginn machen. Sie sollten erläutern können, worin die Unterschiede zur literarischen Vorlage bestehen und welche Gründe für ihren eigenen Vorschlag sprechen. Am Ende steht der Versuch, in Gruppenarbeit einen eigenen Erzählanfang zu schreiben.

Wenn dieser produktionsorientierte Ansatz an den Anfang der Sequenz gestellt würde, böte er eine alternative Zugangsmöglichkeit. Der Vergleich zwischen literarischer Vorlage und eigener Produktion könnte die Analyse der Lenz'schen Exposition erleichtern.

4 Hausaufgabe

1 Zeichnet eine einfache Skizze, die veranschaulicht, welche Personen bzw. Personengruppen Konflikte haben.

2 Formuliert stichwortartig, worin die Konflikte bestehen.

Sequenz 2

Personen – Figurenkonstellation – Konfliktpotenziale

1 Unterrichtszusammenhang

In dieser Sequenz geht es darum, dass die Schüler reflektieren, welche Figuren der Erzähler wählt, wie er sie positioniert und gruppiert, wie sich die Figuren zueinander verhalten und wie sich das Beziehungsgeflecht im Laufe der Erzählung verändert.

Freytag, der Kapitän, und Dr. Caspary sind die Hauptkontrahenten, deren Konflikt vordergründig in dem Kampf ums Feuerschiff besteht; tatsächlich aber geht es um die Bewahrung und Durchsetzung völlig unterschiedlicher Prinzipien: Ordnung gegen Anarchie, Gewaltlosigkeit gegen Gewalt, Lebensbewahrung gegen Lebensvernichtung. Anfangs steht dem Kapitän die Mannschaft zur Seite, doch rückt sie im Verlaufe der Auseinandersetzung mit den Gangstern immer weiter von ihm ab. Zu dem grundsätzlichen Konflikt, ob das Feuerschiff als Fluchtfahrzeug benutzt werden darf, tritt die Auseinandersetzung darüber, mit welchen Methoden die ungebetenen Gäste zu bekämpfen seien. Obwohl der Erzähler zwischen den Mitgliedern der Mannschaft differenziert und um Individualisierung bemüht ist, lässt er in diesem Zusammenhang die Mannschaft als Einheit agieren; lediglich Rethorn hebt sich von den übrigen Mitgliedern deutlich ab, weil er sich so weit auf Positionen der Gangster einlässt, dass er in Verdacht gerät, von diesen bestochen worden zu sein.

Überlagert wird der zentrale Konflikt um die Verteidigung oder Preisgabe der Ordnung von einem Vater-Sohn-Konflikt, der zunächst unabhängig von den Ereignissen auf dem Schiff existiert, später aber in dem Konflikt zwischen Freytag und der Mannschaft aufgeht, weil Fred sein negatives Bild vom Vater als eines Feiglings bestätigt sieht, sich auf die Seite der Mannschaft schlägt und damit Freytags Autorität als Vater und Kapitän in Frage stellt.

Das Gespräch über die Konstellation, in der die Personen zueinander stehen, schließt zwangsläufig ein, dass die Konfliktpotenziale mit angesprochen werden. Es soll an dieser Stelle der Unterrichtseinheit aber noch nicht darum gehen, die Konflikte detailgenau auszuleuchten; es reicht, wenn sie benannt und in Grundzügen skizziert und wenn Entwicklungslinien sichtbar werden.

2 Unterrichtsziele

Die Schüler

– erkennen in Bezug auf die Figuren,

+ wie sich das Figurenpanorama hierarchisieren lässt,

+ dass zwischen Freytag, Caspary und Fred Konflikte bestehen, die zu einer sich steigernden Spannung führen,

+ dass sich die Mannschaft im Verlaufe der Handlung von ihrem Kapitän distanziert und eigenständiger Handlungsträger wird,

+ dass Fred sich der Mannschaft weitgehend annähert,

+ dass am Schluss Freytag allein gegen alle anderen steht.

– erkennen in Bezug auf Konfliktpotenziale,

+ dass hinter dem Kampf um das Feuerschiff ein grundsätzlicher Konflikt um den Wert der Ordnung für die Gesellschaft steht,

+ dass Freytag und die Mannschaft darüber streiten, mit welchen Methoden das Böse zu bekämpfen ist,

+ dass sich die ablehnende Haltung des Sohnes gegenüber dem Vater zu einer Gegnerschaft ausweitet, die Fred in die Nähe der Mannschaft bringt,

+ dass sich ein Kräftefeld mit vier bzw. drei Konfliktparteien herausbildet.

3 Unterrichtsverlauf

3.1 Folgende Fragen können das Unterrichtsgespräch strukturieren:

– Welche Personen stehen sich nahe, welche stehen sich fern?

– Welche Gruppierungen lassen sich erkennen?

– Welche Veränderungen treten im Verlaufe der Handlung auf?

– Was genau trennt die Personen, was verbindet sie?

– Wer verkörpert das Gute, wer das Böse?

3.2 Die Ergebnisse können als Tafelskizze fixiert werden (s. folgende Seite).

4 Hausaufgabe

Welche Eigenschaften haben Freytag und Caspary, welche Wertvorstellungen vertreten sie? – Erstellt eine zweispaltige Übersicht und tragt Stichworte ein.

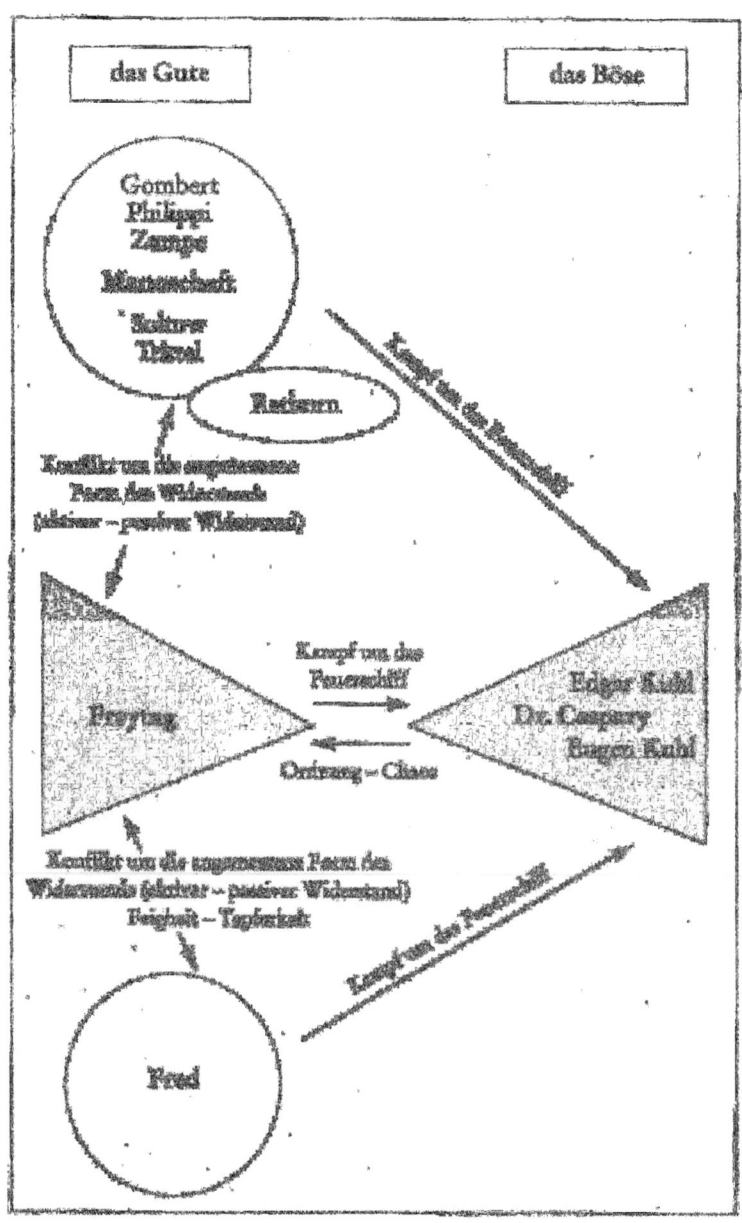

Sequenz 3

Der Konflikt zwischen Freytag und Caspary
Ordnung oder Chaos

1 Unterrichtszusammenhang

Im Mittelpunkt dieser Sequenz stehen die Antipoden Freytag und Caspary. Beide Figuren haben keine ausgeprägte psychische Tiefe, der Leser kann nicht teilhaben an ihren Entwicklungen, innere Konflikte lassen sich vermuten, werden aber als solche nur selten offenbart. Von eigenständigen Charakteren zu sprechen fällt schwer. Besonders Caspary vermittelt den „Eindruck einer Marionette" (Reich-Ranicki).

Die Personen sollen in erster Linie unterschiedliche Wertvorstellungen bzw. moralische Positionen repräsentieren. Freytag anerkennt und verteidigt die Notwendigkeit einer von Menschen gesetzten Ordnung, weil sie die Grundlage für die Wohlfahrt aller Beteiligten ist, und er ist bereit, sich in den Dienst dieser nicht zu hinterfragenden Ordnung zu stellen und tatsächliche oder vermeintliche persönliche Nachteile für ihr Funktionieren in Kauf zu nehmen. Er sieht keinen Widerspruch zwischen der Existenz einer solchen sozialen Ordnung und seinen individuellen Bedürfnissen. – Caspary dagegen erkennt diese Ordnung und den Wert menschlichen Lebens nicht nur nicht an, sondern er setzt alles daran, um sie zu zerstören und Anarchie zu verbreiten. Das Pflichtbewusstsein des Kapitäns ist ihm völlig fremd, seine Glücksvorstellungen zielen auf absolute Freiheit, auf Freisein, auf Unverbindlichkeit, auf Destruktion von Ordnung und menschlicher Wohlfahrt; alles ist ihm Spiel.

Wichtig ist, mit den Schülern auch zu klären, was in der Erzählung unter Ordnung verstanden wird, dass es sich nicht etwa um eine Ordnung handelt, die um ihrer selbst willen existiert, also reiner Selbstzweck ist, und andere willkürlich einschränkt. Und es sollte problematisiert werden, was geschieht, wenn sich Verbrecher einer allseits akzeptierten Ordnung bemächtigen und sie missbrauchen, und ob sich die Handlungssituation, die Lenz seiner Erzählung zugrunde legt, auf andere Lebensbereiche übertragen lässt.

2 Unterrichtsziele

Die Schüler

– erkennen,

> + dass Freytag und Caspary unterschiedliche moralische Positionen vertreten,

> + dass Freytags Ziel die Bewahrung menschlichen Lebens ist,

+ dass in seinen Augen die Ordnung (auf See) dazu dient, menschliches Zusammenleben so zu regeln, dass das Wohlergehen aller sichergestellt ist,

+ dass seiner Meinung nach die Gültigkeit einer solchen Ordnung nicht hinterfragt werden und nicht zur Disposition stehen darf,

+ dass Freytag bereit ist, sich in den Dienst dieser Ordnung zu stellen und vermeintliche oder tatsächliche Nachteile in Kauf zu nehmen,

+ dass er letztlich sein eigenes Leben opfert, um die Ordnung zu bewahren und die Verbindlichkeit der eigenen Überzeugungen glaubhaft zu machen,

+ dass Caspary menschliches Leben geringschätzt,

+ dass er die bestehende Ordnung destabilisieren will und stattdessen Chaos und Anarchie wünscht,

+ dass er ohne Rücksichtnahme auf andere ausschließlich egoistische Ziele verfolgt,

+ dass der Wunsch, Rache für früher zugefügtes Leid zu nehmen, Antrieb seiner Handlungen ist,

+ dass er für sein Tun und Lassen keine Verantwortung übernimmt und sich als Opfer sieht;

– kennen die (Kurz-)Biografien beider Figuren und können sie heranziehen, um das Verhalten der beiden Kontrahenten zu erklären,

– problematisieren den Ordnungsbegriff des Kapitäns,

– diskutieren die Gefahren, die sich aus dem blinden Vertrauen in das Funktionieren einer solchen Ordnung ergeben.

3 Unterrichtsverlauf

3.1 Zur Wiederholung: Worum geht es ganz konkret bei der Auseinandersetzung zwischen Freytag und Caspary? Worum streiten sie?

Es geht um die Frage, ob das Feuerschiff seine Position verlässt, um den Verbrechern zur Flucht zu verhelfen, oder sie beibehält und damit die Sicherheit für die Menschen garantiert, die sich blind auf seine Kennung verlassen (z. B. S. 32, 42, 68, 81, 114, 120). Daneben gibt es kleinere Scharmützel, z. B. den Streit um das Beiboot (S. 29) oder die Eintragungen ins Logbuch (S. 42).

3.2 Welche Wertvorstellungen vertritt Freytag, welche Eigenschaften verkörpert er? Welche dagegen Caspary? Was steht zentral? Welche werden im Text direkt benannt, welche kann bzw. muss der Leser erschließen?

Die Hausaufgaben werden vorgetragen und diskutiert. Das auf der folgenden Seite abge-
druckte Tafelbild könnte entwickelt werden..

3.3 Was versteht ihr unter Ordnung? Ist Ordnung etwas Gutes oder etwas Schlechtes? Erläutert eure Position anhand von Beispielen.

Was versteht Kapitän Freytag unter Ordnung?

Diskutiert, ob die Ordnungsvorstellungen des Kapitäns für euch nachvollziehbar und akzeptabel sind.

Dass sich Kapitän Freytag von unterschiedlichen Ordnungsvorstellungen leiten lässt, wird deutlich, wenn man sein Verhalten beim Streit ums Feuerschiff mit seiner Argumentation in der Auseinandersetzung mit Caspary um die Eintragung ins Logbuch oder gar mit seinem Verhalten als Kapitän der „Klintje" vergleicht, als er seine Reaktionen ganz und gar von den Weisungen der Reederei abhängig macht. Während im ersten Fall Ordnung durch ihren Zweck notwendig und gerechtfertigt erscheint, könnte Ordnung in den beiden anderen Situationen eher als Selbstzweck und damit als fragwürdig gesehen werden. Dass sich Freytag als Kapitän der „Klintje" immer wieder auf die Order der Reederei beruft, deutet darauf hin, dass die sich in der Befehlshierarchie manifestierende Ordnung blind macht gegenüber den Erfordernissen der jeweiligen Situation und dass sie die Entscheidungskompetenz beeinträchtigt. Das Verhalten Freytags wäre ein Beispiel dafür, dass blindes Vertrauen in eine bestehende Ordnung Einsicht in individuell verantwortete notwendige Entscheidungen verhindert.

3.4 Überlegt und diskutiert, welche Gefahren mit dem blinden Vertrauen in Ordnungssysteme verbunden sein können.

Welche Gefahren werden in der Erzählung selbst angesprochen?

3.5 Was bedeutet dem Kapitän Freiheit, was bedeutet sie Caspary? – Führt ein Rollengespräch/ein Streitgespräch.

4 Hausaufgabe

Stellt euch vor, die Schiffsbesatzung würde der Befehlsverweigerung und Meuterei beschuldigt. Listet Ereignisse auf, die in einer Anklageschrift berücksichtigt werden könnten.

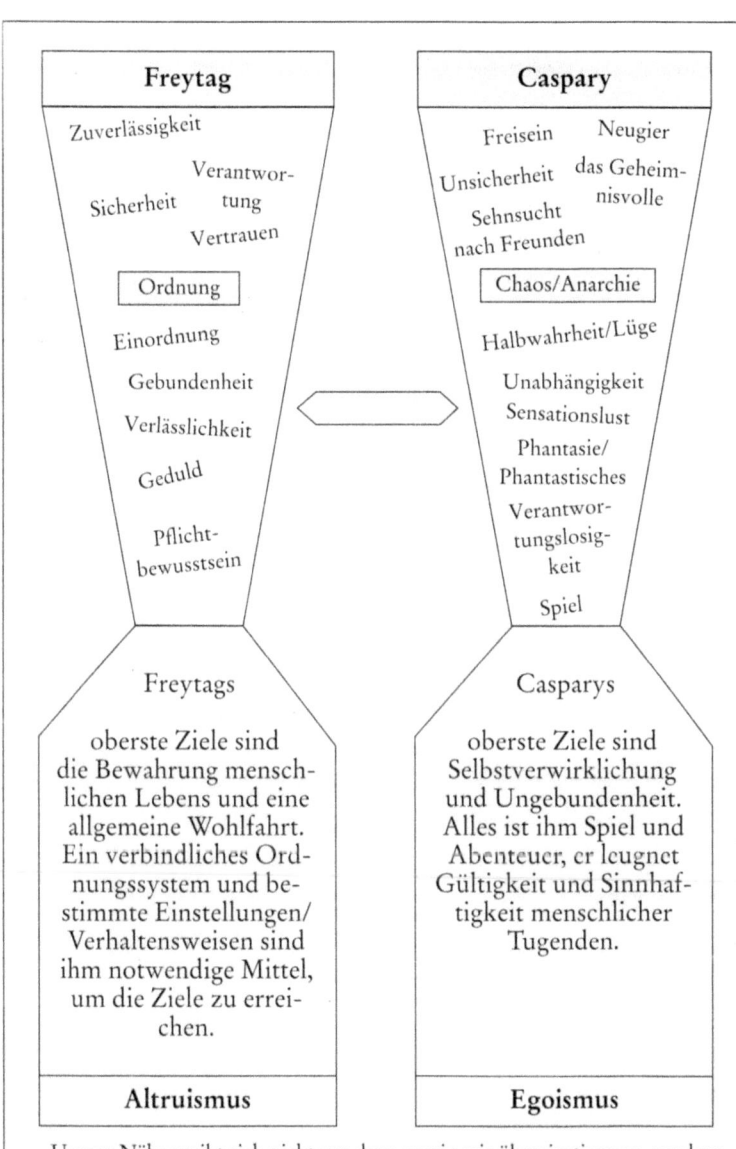

Freytag	Caspary
Zuverlässigkeit	Freisein Neugier
Verantwor- Sicherheit tung Vertrauen	Unsicherheit das Geheim- nisvolle Sehnsucht nach Freunden
Ordnung	Chaos/Anarchie
Einordnung Gebundenheit Verlässlichkeit Geduld Pflicht- bewusstsein	Halbwahrheit/Lüge Unabhängigkeit Sensationslust Phantasie/ Phantastisches Verantwor- tungslosig- keit Spiel
Freytags oberste Ziele sind die Bewahrung menschlichen Lebens und eine allgemeine Wohlfahrt. Ein verbindliches Ordnungssystem und bestimmte Einstellungen/ Verhaltensweisen sind ihm notwendige Mittel, um die Ziele zu erreichen.	Casparys oberste Ziele sind Selbstverwirklichung und Ungebundenheit. Alles ist ihm Spiel und Abenteuer, er leugnet Gültigkeit und Sinnhaftigkeit menschlicher Tugenden.
Altruismus	**Egoismus**

„Unsere Nähe ergibt sich nicht aus dem, worin wir übereinstimmen, sondern aus der Vollkommenheit, mit der wir uns in jeder Hinsicht widersprechen."
Caspary

Sequenz 4

Der Konflikt zwischen Kapitän und Mannschaft
Formen von Widerstand gegen Gewalt

1 Unterrichtszusammenhang

Zunächst geht es darum, am Text zu verfolgen und zu belegen, wie sich Kapitän und Mannschaft immer weiter voneinander entfernen und wie mit fortschreitender Handlung der Autoritätsverlust des Kapitäns größer wird, mit dem Ergebnis, dass er seine Mannschaft nicht mehr für seine Strategie des hinhaltenden Widerstands gewinnen kann. Anfangs hatte die Besatzung – wenn auch widerwillig – die Anweisungen des Vorgesetzten noch akzeptiert, später aber entziehen sich einzelne Mitglieder der Befehlsgewalt des Kapitäns, handeln eigenmächtig. Am Schluss verweigern, wenn auch unter dem Eindruck einer sie bedrohenden Waffe, alle den Gehorsam.

In einem zweiten Schritt werden die unterschiedlichen Positionen, die die Konfliktparteien vertreten, inhaltlich erschlossen und zur Diskussion gestellt. Alle fühlen sich durch Caspary und die Brüder Kuhl bedroht, alle wollen das Böse bekämpfen, alle wollen die Gangster der Polizei überstellen. Sie unterscheiden sich aber in der Einschätzung, welche Mittel am geeignetsten sind, dieses Ziel zu erreichen. Die Mannschaft reagiert reflexartig, will Gewalt mit offener Gewalt begegnen, also durch Kampf Widerstand leisten. Freytag verweigert sich dem offenen Kampf, setzt auf passiven Widerstand. Ihn interessiert nicht nur, ob Handlungen ethisch gerechtfertigt sind, sondern auch, ob sie vernünftig sind; er lässt sich offensichtlich von dem Grundsatz der Risikoethik leiten, wonach man sich im Zweifel für das Leben zu entscheiden habe, und verweigert sich konsequenterweise klischeehaften Vorstellungen von Kampf und Heldentum.

2 Unterrichtsziele

Die Schüler

– können am Text nachweisen, dass der Konflikt zwischen Kapitän und Mannschaft immer unversöhnlicher wird,

– erkennen, dass der Konflikt durch fehlende Kommunikation bzw. eine tradierte Befehlsstruktur verschärft wird,

– erkennen, dass die Position der Mannschaft wie auch die des Kapitäns ethisch gerechtfertigt sind,

– erkennen, dass die Mannschaft aktiven Widerstand leisten will und über den Kampf eine
Entscheidung sucht,

– erkennen, dass Freytag passiven Widerstand leistet und damit eine andere Form des Kamp-
fes wählt,

– erkennen, dass Freytag nicht nur fragt, ob Handlungen moralisch gerechtfertigt sind, sondern auch mit einbezieht, ob sie vernünftig sind und in welchem Maße sie übergeordneten
Zielen dienen,

– diskutieren, ob die Ereignisse auf dem Feuerschiff, zum Beispiel die Morde an Zumpe und
Eddie, eher der Mannschaft oder eher dem Kapitän Recht geben,

– diskutieren, ob das Ende der Erzählung als Bestätigung für die Position der Mannschaft
oder für die des Kapitäns gewertet werden kann.

3 Unterrichtsverlauf

3.1 Die Schüler beschreiben das Verhalten der Mannschaft gegenüber dem Kapitän. Dabei
kann es auch um die Frage gehen, ob die Mannschaft oder einzelne Mitglieder sich des Unge-
horsams ihm gegenüber schuldig machen.

Folgende Ereignisse können in diesem Zusammenhang angeführt werden:

   Zumpe folgt den Anweisungen Freytags und bringt die Waffen zurück. (S.22)

   Rethorn widerspricht dem Kapitän. (S. 36 f.)

   *Philippi, Rethorn und Soltow rotten sich zusammen, fügen sich dann aber widerstre-
   bend den Anweisungen Freytags, als dieser nachdrücklich auf seine Stellung als Kapitän hinweist. (S. 40 f.)*

   *Philippi lehnt es ab, die Verantwortung für eine Falschmeldung zu übernehmen, und
   verlangt vom Kapitän eine Unterschrift. (S. 54)*

   Gombert missachtet Freytags Befehle und schlägt Caspary nieder. (S. 72 f.)

   Trittel tötet Eugen Kuhl. (S. 102 ff.)

   *Philippi unterrichtet ohne Wissen des Kapitäns die Direktion über die Vorkommnisse
   auf dem Feuerschiff. (S. 116)*

   *Die Mannschaft weigert sich, die ihnen vom Kapitän zugewiesenen Plätze auf dem
   Schiff einzunehmen. (S. 120)*

*Es ist offensichtlich, dass die Mannschaft den Anweisungen des Kapitäns zuwiderhandelt und
seiner Strategie des hinhaltenden Widerstands nicht folgt. Freytag erleidet einen stetigen Au-*

toritätsverlust, der am Schluss so groß ist, dass die Mannschaft sich seinen Befehlen offen widersetzt.

3.2 Wie gehen Kapitän und Mannschaft miteinander um, wie kommunizieren sie?

Auf der einen Seite pflegt der Kapitän einen persönlichen Umgang mit Mannschaftsmitgliedern, auf der anderen Seite lässt er, was seine Überlegungen, Pläne und Motive betrifft, die Mannschaft im Ungewissen, obwohl er sich bewusst ist, dass man von ihm Aufklärung erwartet. Es gibt auch keine eindeutige Befehlsstruktur; es scheint, als sei Freytag um eine unprätentiöse Autorität bemüht. Positionen werden von Freytag benannt, zum Teil geradezu stereotyp wiederholt, aber nicht argumentativ entfaltet und vertreten. Einsilbigkeit und Sprachlosigkeit des Kapitäns bewirken Missverständnisse und Fehldeutungen; sie bedienen das Klischee vom „einsamen Helden".

3.3 Worin stimmen Mannschaft und Kapitän überein, was trennt sie?

Vgl. Tafelbild auf S. 31.

3.4 Welche Erklärung hat Freytag für das Verhalten seiner Mannschaft?

Freytag ist voller Verachtung und wertet das Verhalten als Zeichen mangelnder Einsicht (S. 110), als Ausdruck der Angst davor, alleinstehen zu müssen. Handeln verbinde, stifte Gemeinschaft und helfe, die Angst zu überwinden; es sei Zeichen einer Krankheit. (S. 116, 118)

3.5 Wer wird durch die Ereignisse und ganz besonders durch das Ende bestätigt bzw. widerlegt?

Der Schluss zeigt, dass die Rechnung des Kapitäns nicht aufgeht. Auf eine Bemerkung Rethorns („ 'Denk daran, was du uns gesagt hast: es soll niemand fehlen an Bord, wenn wir einlaufen.'" – S.122) räumt er ein: „ 'Es kann vorkommen, daß man seine Meinung ändern muß, und dieser Augenblick ist jetzt da.'" (S. 122)

Die Tatsache zweier Toter kann als Bestätigung der Auffassung des Kapitäns interpretiert werden, wonach blinder Aktionismus zwar psychisch entlastet, aber keine Probleme löst, widerlegt ihn aber insofern, als seine Zielsetzung, alle lebend an Land zu bringen, schon frühzeitig fehlschlägt.

Lenz geht es nicht darum, „richtige" Lösungen anzubieten, sondern darum, die Komplexität von Zwangslagen zu zeigen, in denen sich ein Mensch bewähren und Verantwortung übernehmen muss – auch um den Preis, falsch zu handeln und schuldig zu werden.

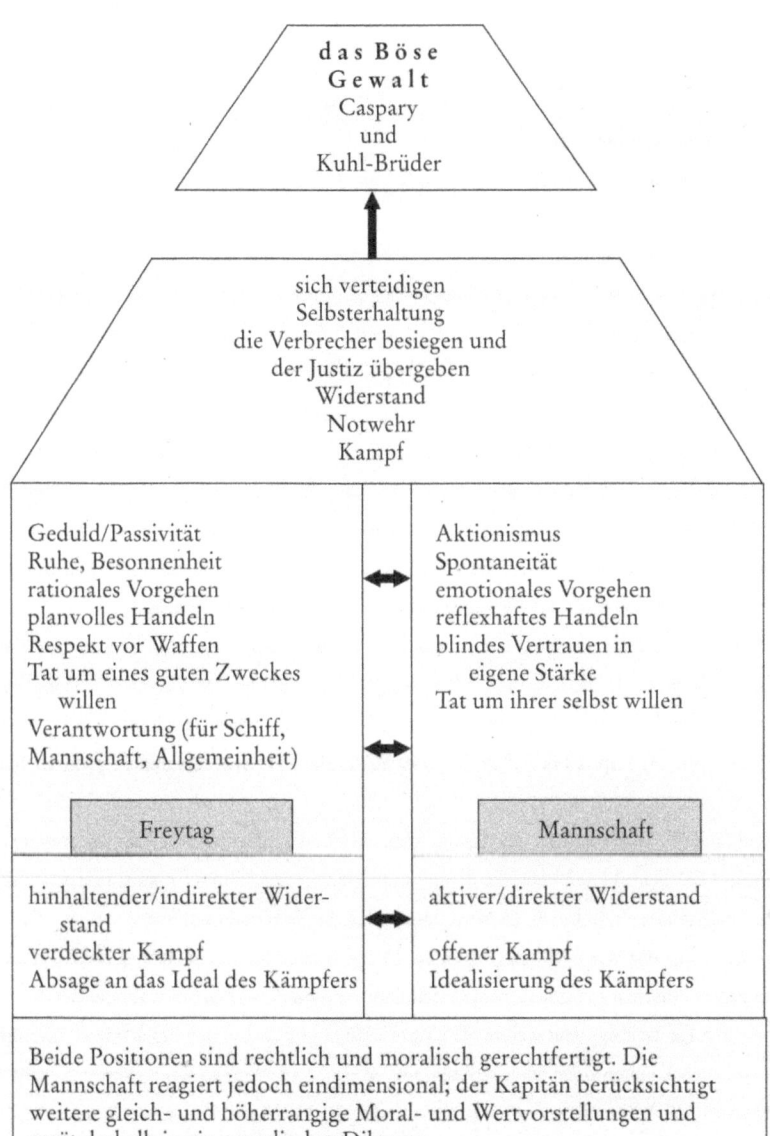

das Böse
Gewalt
Caspary
und
Kuhl-Brüder

sich verteidigen
Selbsterhaltung
die Verbrecher besiegen und
der Justiz übergeben
Widerstand
Notwehr
Kampf

Geduld/Passivität Ruhe, Besonnenheit rationales Vorgehen planvolles Handeln Respekt vor Waffen Tat um eines guten Zweckes willen Verantwortung (für Schiff, Mannschaft, Allgemeinheit)	⬌	Aktionismus Spontaneität emotionales Vorgehen reflexhaftes Handeln blindes Vertrauen in eigene Stärke Tat um ihrer selbst willen
Freytag		Mannschaft
hinhaltender/indirekter Wider- stand verdeckter Kampf Absage an das Ideal des Kämpfers	⬌	aktiver/direkter Widerstand offener Kampf Idealisierung des Kämpfers

Beide Positionen sind rechtlich und moralisch gerechtfertigt. Die Mannschaft reagiert jedoch eindimensional; der Kapitän berücksichtigt weitere gleich- und höherrangige Moral- und Wertvorstellungen und gerät deshalb in ein moralisches Dilemma.

Sequenz 5

Vater-Sohn-Konflikt

1 Unterrichtszusammenhang

Für dieses Thema sind vor allem die Seiten 8 - 15, 34 - 38, 55 – 65, 101, 124 - 125 von Bedeutung.

Drei Aspekte gilt es herauszuarbeiten:

In einem ersten Schritt geht es um die fortschreitende Entfremdung zwischen Vater und Sohn, um die Verbitterung des Sohnes über das frühere und – wie er glaubt - das aktuelle Versagen des Vaters und um das versöhnliche Ende. Eng verbunden hiermit ist eine Analyse der von beiden Seiten praktizierten Umgangsformen und Kommunikationsstrukturen; Sprachlosigkeit bzw. Sprachunwilligkeit, Ablehnung und Distanz auch auf der Ebene nonverbaler Kommunikation herrschen auf Seiten des Sohnes vor, eine stumme Verachtung, nicht Kampf und Aggressivität bestimmen seine Reaktionen. Der Vater dagegen, der nur mühsam seine Gefühle offenbaren kann und der teils autoritär, teils unbeholfen belehrend wirkt, nimmt eine abwartende Haltung ein und hofft auf eine ausgleichende Verständigung mit dem Sohn.

In einem zweiten Schritt sollten ganz knapp die Vorkommnisse während der Levante-Fahrt angesprochen werden; aus ihnen leitet Fred seinen Verdacht her, der Vater sei ein Feigling – ein moralisches Verdikt, das, wenn es zuträfe, Freytag völlig unglaubwürdig machte. (Freytags Rolle als Kapitän der „Klintje" wird ausführlich in der folgenden Sequenz thematisiert.)

Schließlich sollte den Schülern bewusst werden, dass Lenz in Gestalt von Kapitän Freytag ein Vater- und Männerbild zeichnet, das keine Strahlkraft besitzt. Nimmt man Casparys Einlassungen über seinen Vater hinzu, dann verdüstert sich das Bild noch stärker.

Dass Väter bei Lenz wie auch generell in der Literatur nach dem 2. Weltkrieg nicht ein übermäßig hohes Ansehen genossen, hängt auch damit zusammen, dass sie während der Kriegsjahre von zu Hause abwesend waren, als Kriegsverlierer zurückkehrten, über ihre Erfahrungen nicht sprechen konnten oder nicht wollten, im Verdacht standen, an Kriegsverbrechen beteiligt gewesen zu sein, und dass ihnen oft nach der Rückkehr aus Krieg und Gefangenschaft von den Familien, die sich daran gewöhnt hatten, das Leben ohne die Männer und Väter zu organisieren, verweigert wurde, ihre alte Position als Familienoberhaupt wieder einzunehmen.

„Statt Nähe und Kontakt zum Vater zu bekommen, haben die Kinder der Kriegsväter seinen Verliererstatus und seinen Autoritätsverlust miterleben müssen."[1]

Siegfried Lenz' Erzählung kann den Schülern vor Augen führen, dass auch dann, wenn – wie im *Feuerschiff* – die Handlung ohne direkten Bezug zu einer konkreten historischen und sozialen Wirklichkeit ist, Literatur dennoch geschichtliche Grunderfahrungen spiegeln und gesellschaftlicher Wirklichkeit verpflichtet sein kann.

2 Unterrichtsziele

Die Schüler

– erkennen, dass sich der Sohn dem Vater gegenüber ablehnend verhält, der Vater dagegen auf eine Verständigung hofft,

– erkennen, dass die Aussprache über die Levante-Ereignisse die Funktion hat, das Spannungsverhältnis zwischen Vater und Sohn zu erklären und den Kern ihres Konflikts freizulegen,

– erkennen, dass die Lösung des Konflikts zwar offen bleibt, ein versöhnliches Ende aber wahrscheinlich ist,

– erkennen, dass sich der jeweilige Stand der Beziehung zwischen Vater und Sohn in den Bezeichnungen, die der Erzähler für die Personen wählt, spiegelt,

– erkennen, dass Sprachlosigkeit, Sprachhemmnisse und nonverbale Ablehnungssignale für die Kommunikation zwischen Vater und Sohn kennzeichnend sind,

– prüfen, ob das Verhalten Freytags als Kapitän der „Klintje" den vom Sohn geäußerten Vorwurf der Feigheit rechtfertigt,

– erarbeiten und diskutieren das Vaterbild, das Lenz im *Feuerschiff* vermittelt.

3 Unterrichtsverlauf

Die meisten der im Folgenden genannten Aspekte könnten auch von Gruppen bearbeitet werden. Die Aspekte differieren allerdings stark in Bezug auf Umfang und Anspruchsniveau und fordern die Gruppen sehr unterschiedlich. Deshalb sollte die Lehrkraft bei der Zusammensetzung der Gruppen das Leistungsvermögen der Schüler berücksichtigen.

---

[1] Michael Bode/Christian Wolf: Die Kriegsgeneration(en). Aus: Dies.: Still-Leben mit Vater. Zur Abwesenheit von Vätern in der Familie. Wiesbaden: Text-O-Phon-Verlag 2000

3.1 Wie entwickelt sich der Konflikt zwischen Vater und Sohn? – Beschreibt den Werdegang der Auseinandersetzung. Beziehт das Ende der Erzählung ein und äußert euch zu der Frage, welche Bedeutung die von Lenz angebotene Konfliktlösung für die Erzählung als Ganzes hat.

3.2 Beschreibt, wie Vater und Sohn miteinander umgehen. Unterscheidet dabei verbale und nonverbale Kommunikationsformen.

Freytag tritt einerseits dominant, fast autoritär auf, so wenn er Fred ungefragt aufs Feuerschiff holt, wenn er ihm verbietet, mit dem Beiboot hinauszufahren (S. 13) oder ihm das Wort mit der Begründung abschneidet, er gehöre nicht zum Schiff (S. 36). Andererseits sucht Freytag die Nähe seines Sohnes, hat das Verlangen, mit ihm zu sprechen und ihm Selbstbewusstsein zu vermitteln; er leidet unter der ablehnenden Haltung Freds, ist aber offenbar unfähig, seine Gefühle zu offenbaren und zu artikulieren. – Fred verhält sich ganz überwiegend ablehnend und feindselig. Seine Schweigsamkeit wird vom Erzähler immer wieder erwähnt (z. B. S. 8, 10, 12, 14, 37, 55). Eine Ausnahme bildet Freds demutsvolle Haltung, als er hofft, der Vater könnte sich für den Kampf gegen die Verbrecher entscheiden (S. 35).

3.3 Welche Worte wählt der Erzähler, um Vater und Sohn zu bezeichnen? Achtet auf Veränderungen im Verlaufe der Erzählung und prüft, ob es einen Zusammenhang zwischen Stimmungslage und Wortwahl gibt.

Bezeichnungen für Fred: der Junge (auch in der wörtlichen Rede des Vaters), Fred.

Bezeichnungen für Freytag: der Alte, sein Alter, Freytag. „Vater" in Verbindung mit dem Possessivpronomen („seines Vaters" – S. 35) bildet eine Ausnahme. Erst am Schluss findet sich die Anrede „Vater".

3.4 Fred wirft seinem Vater Feigheit vor. Wie beurteilt ihr das Verhalten des Kapitäns? Teilt ihr Freds Einschätzung?

3.5 Was erfährt der Leser über die Vater-Sohn-Beziehung Casparys?

3.6 Was für ein Vaterbild zeichnet Siegfried Lenz in seiner Erzählung *Das Feuerschiff*?

4 Hausaufgabe

Begründet in Stichworten, warum Freytag ein Held/kein Held ist.

Alternative: Vater und Sohn führen jeweils ein Tagebuch, in das sie zu Beginn der Handlung und nach der Aussprache über die Levante-Ereignisse ihre Gedanken eintragen. Wählt, ob ihr Freds oder Freytags Tagebuch führen wollt, und formuliert die Eintragungen.

Sequenz 6

Helden – Antihelden – Vorbilder
Menschenbild

1 Unterrichtszusammenhang

Lenz präsentiert in seiner Erzählung zwei Situationen, in denen sich Freytag in besonderer Weise bewähren muss: das Levante-Ereignis und die Auseinandersetzungen auf dem Feuerschiff. Beide haben Modellcharakter. Wie in einem naturwissenschaftlichen Experiment ist Freytag jeweils Teil einer Versuchsanordnung, in der er mit konkurrierenden, zum Teil einander ausschließenden Pflichten konfrontiert wird. Dabei wird deutlich, dass der Kapitän in der Ägäis sein Dilemma zum Teil orientierungslos durchlebt, fragwürdige Entscheidungen trifft und sich an fragwürdigen Leitbildern orientiert.

Lenz modelliert mit Kapitän Freytag eine Figur, die aus ihrer Vergangenheit gelernt hat und die nicht den gängigen Vorstellungen vom Helden entspricht; eher könnte man Freytag als Antihelden bezeichnen. Diese Figur bestätigt in gewisser Weise, dass in Deutschland und in der deutschen Literatur nach 1945 unter dem Eindruck der bedingungslosen Kapitulation Heroisches obsolet geworden war.

Diese Sequenz hat zum Ziel, das Dilemma, in dem Freytag als Kapitän der „Klintje" steckt, zu verdeutlichen, sein Handeln auf der „Klintje" mit dem auf dem Feuerschiff zu vergleichen und daraus jenes Bild vom Menschen, das Siegfried Lenz in seiner Erzählung vermittelt, herzuleiten. Überschneidungen mit vorausgegangenen Sequenzen sind, weil es sich um eine Zusammenschau handelt, unvermeidlich.

Getragen wird die Sequenz von den Fragen, ob Freytag ein Held, möglicherweise ein Antiheld ist, was die Schüler unter Heldentum verstehen und welche Bedeutung Helden/ Heldinnen für Jugendliche heute haben.

2 Unterrichtsziele

Die Schüler

– analysieren die Levante-Episode und können das Dilemma, in dem Freytag sich befindet, beschreiben,

– erkennen, dass Freytags Fehler darin besteht, der Aufforderung zum Kampf nicht zu widerstehen, und dass die unüberlegte Gewaltanwendung Natzmers weitere Gewalt nach sich zieht,

- erkennen, dass sich Freytag auf dem Feuerschiff in einer ähnlich konfliktreichen Situation befindet, dass er sich aber von Beginn an dem Gemeinwohl verpflichtet fühlt und dass er physischer Gewalt abschwört,
- konkretisieren ihre eigenen Vorstellungen vom Heldentum,
- entwickeln Freytags Charakterprofil und prüfen, ob und inwieweit es ihren Vorstellungen vom Helden entspricht,
- können das Menschenbild, das der Autor Siegfried Lenz in seiner Erzählung zur Anschauung bringt, beschreiben.

3 Unterrichtsverlauf

3.1 Ist Freytag ein Held?

Schüler tragen ihre Hausaufgaben vor und tauschen ihre Meinungen aus. Es geht um die Bildung von Arbeitshypothesen.

3.2 Welche Bewährungsproben muss Freytag als Kapitän der „Klintje" bestehen? Welchen Herausforderungen muss er begegnen? Beschreibt sein Dilemma.

(Vgl. Tafelbild auf S. 39.)

3.3 Als sich Freytag an die „weiße Stadt unten in der Ägäis" erinnert, heißt es: „die Stadt, in der die Wurzeln seines Gedächtnisses für immer liegen würden" (S. 55). Wie deutet ihr diese Aussage?

(Diese Aufgabe wird – neben anderen – auch als Thema für eine Klassenarbeit vorgeschlagen.)

3.4 Wodurch unterscheidet sich sein Auftreten als Kapitän des Feuerschiffs von demjenigen, das er als Kapitän der „Klintje" gezeigt hat?

Als Kapitän des Feuerschiffs lässt sich Freytag nicht zum Kampf verlocken; er vermeidet alle Gesten, die geeignet sein könnten, Gewalt zu provozieren, und praktiziert konsequent einen passiven, hinhaltenden Widerstand. Das Bewusstsein, Verantwortung zu tragen, ist ausgeprägter, alle Mittel dienen einem klar definierten Zweck, von dessen Richtigkeit er von Beginn an überzeugt ist. Er „handelt" lange Zeit nur, um Handeln anderer zu verhindern. Eine Ausnahme bildet die Sprengung der treibenden Mine.

Sein Auftreten als Kapitän der „Klintje" dagegen ist fragwürdig, kann als Zeichen von Abenteuerlust, von fehlendem Verantwortungsbewusstsein und von Unsicherheit hinsichtlich der Wertigkeit der Ziele und der Mittel gedeutet werden. Am deutlichsten zeigt sich der Mangel

an Verantwortungsgefühl darin, dass er sich immer wieder auf die Order der Reederei beruft
und sich nicht zu einer Schlusstat aufraffen kann.

3.5 Entwickelt für Freytag ein Charakterprofil, indem ihr die Liste der Adjektive erweitert und Ziffern ankreuzt.

(Die Zahl 1 signalisiert absolute Zustimmung zu dem Adjektiv auf der linken Seite, die Zahl 8 zum rechts stehenden Adjektiv. Wenn ihr sehr unsicher seid, kommen die Ziffern 4 oder 5 in Frage.)

Charakterprofil Freytags								
verantwortungsbewusst	1	2	3	4	5	6	7	8	verantwortungslos
aktiv	1	2	3	4	5	6	7	8	passiv
zupackend	1	2	3	4	5	6	7	8	zögerlich
konsequent	1	2	3	4	5	6	7	8	inkonsequent
aufrichtig									.....
.....									.....
.....									.....

Es ist schwierig, den Kapitän der „Klintje" und den des Feuerschiffs in einem einzigen Charakterprofil zu erfassen. Deshalb solltet ihr überlegen, ob zwei Charakterprofile angemessen sind.

3.6 Schreibt auf, was eine Frau/einen Mann zur Heldin/zum Helden macht. Streicht durch, welche Vorgaben ihr für falsch haltet. Ergänzt die Liste der Eigenschaften.

Eine Heldin/ein Held

ist tapfer

ist mutig

handelt vorbildlich

riskiert etwas (sein Leben) für andere

überwindet Widerstände

entscheidet in schwierigen Situationen schnell

ordnet eigene Interessen unter

...

...

3.7 Vergleicht euer Bild von einer Heldin/einem Helden mit Freytags Charakterprofil. Diskutiert erneut, ob Freytag ein Held, möglicherweise ein Antiheld ist.

3.8 Welches Bild vom Menschen zeichnet Siegfried Lenz in seiner Erzählung *Das Feuerschiff*?

Ergänzung

Für den Fall, dass der Wunsch besteht, das Thema „Heldentum" zu vertiefen und es möglicherweise aus dem unmittelbaren Zusammenhang mit der Lektüre herauszulösen, zwei Anregungen:

– Die Schüler gestalten in Gruppenarbeit Collagen, die ausschließlich Heldinnen oder ihre eigenen Helden und Heldinnen oder heldenhafte Personen der Literatur berücksichtigen.

– Die Schüler formulieren Thesen zu den Fragen, wie sich die Vorstellungen von Heldentum und Heldenhaftigkeit im Laufe der Zeit verändern, wovon dies abhängt, ob der Begriff „Held"/"Heldin" überhaupt noch berechtigt ist und wie er von den Begriffen „Vorbild", „Idol" und „Star" abzugrenzen ist.

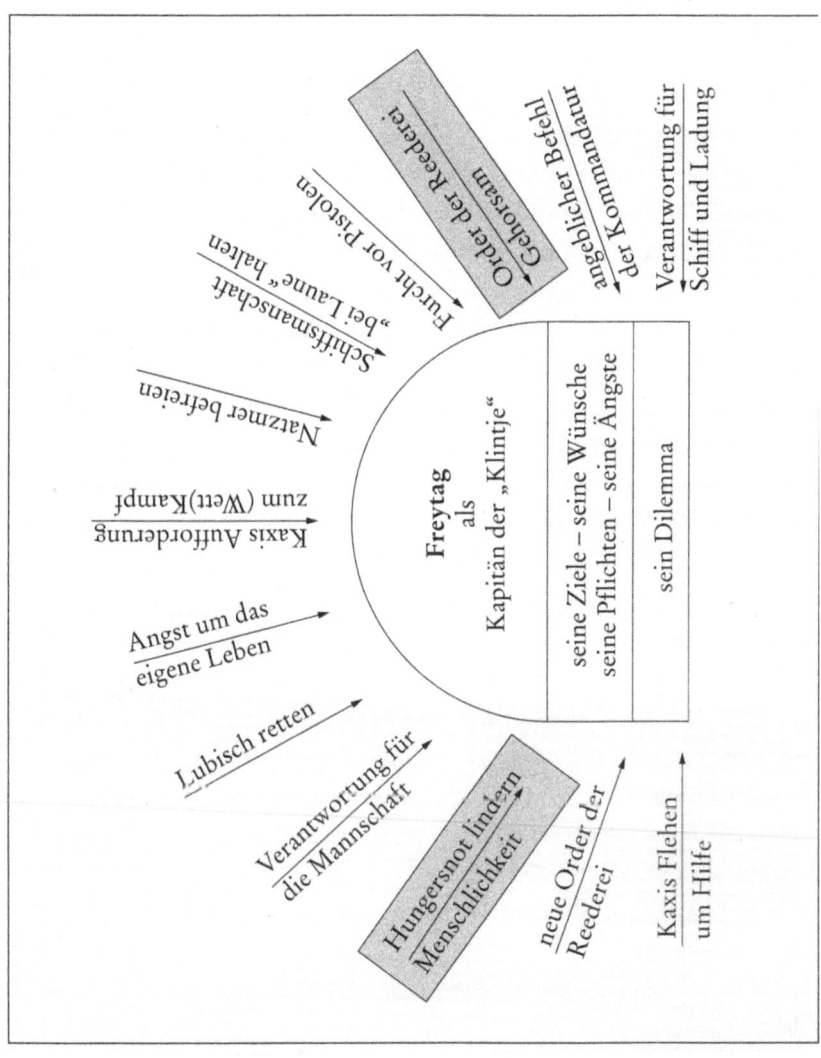

Sequenz 7

Erzählweise

1 Unterrichtszusammenhang

Bisher standen Fragen des Inhalts, der Struktur und der Bedeutung im Mittelpunkt des Unterrichts; nur selten sind die erzählerischen Mittel expressis verbis einbezogen worden. Mit dieser Sequenz soll den Schülern bewusst gemacht werden, welche Erzähltechniken Lenz anwendet, um dem Leser Stoff und Thematik so zu präsentieren, dass er sich gleichermaßen unterhalten, angeregt und herausgefordert fühlt. Aus einer Vielzahl möglicher Aspekte der Erzählweise werden einige wenige ausgewählt, mit deren Hilfe die Schüler Einblick in die Art und Weise gewinnen, wie der Autor sein Handwerk des Schreibens ausübt. Es handelt sich um Erzählperspektive – Zeitgestaltung – Raumgestaltung – Spannungsaufbau – Symbolik und Leitmotivik. Die Auseinandersetzung mit Techniken des Erzählens kann den Schülern ein Instrumentarium an die Hand geben, das sie befähigt, Literatur nicht nur emotional zu erleben, sondern auch reflektierend zu begleiten, und das ihnen den weiteren Umgang mit Literatur im Rahmen des Deutschunterrichts erleichtern kann.

2 Unterrichtsziele

Die Schüler erkennen,

– dass der Erzähler weder präsent ist noch eingreift, vielmehr hinter die Figuren zurücktritt, sodass eine personale Erzählperspektive mit vereinzelter erlebter Rede vorherrscht,

– dass diese Erzählperspektive die Illusion von Unmittelbarkeit hervorruft,

– dass szenische Darstellungen häufig den Erzählbericht ablösen, wodurch der Eindruck unmittelbarer Teilnahme verstärkt wird,

– dass die Ereignisse auf dem Schiff ganz überwiegend in ihrer chronologischen Abfolge erzählt werden,

– dass es zwei umfangreiche Rückblenden in Form von Erinnerungen beteiligter Personen gibt,

– dass Freytags Erinnerungen einerseits den Grund für den Konflikt zwischen Vater und Sohn, andererseits seine Verhaltensmuster in einer früheren Entscheidungssituation offenbaren,

– dass Casparys Lebensbeichte die Entstehung des Bösen und den Werdegang eines zynischen Verbrechers erklären soll,

– dass der von Lenz gewählte Schauplatz die Konflikte verdichtet, zuspitzt und unausweich-
lich macht,

– dass Lenz die Handlungsräume Schiff und Meer mit großer Sachkenntnis vergegenwärtigt,

– dass der Schauplatz auch symbolische Bedeutung hat,

– dass die Spannung der Handlung befördert wird durch die Konzentration auf die Schlussszene, durch immer neue Handlungsimpulse, durch Andeutungen, die den Wunsch nach
Aufklärung wecken, durch die Begrenztheit der personalen Erzählperspektive,

– dass Dinge, wie zum Beispiel das Feuerschiff, das Logbuch, die Mine im Kontext dieser
Erzählung eine über sich hinausweisende Bedeutung bekommen und zu Symbolen werden,

– dass auch Verhaltensweisen von Personen symbolischen Gehalt haben und durch die fast
stereotype Wiederholung wie Leitmotive wirken.

3 Unterrichtsverlauf

Die Einzelthemen werden von Gruppen bearbeitet. Die Schüler bereiten sich nach ihrer Ein-
wahl und nach Informationen und Orientierung durch die Lehrkraft zu Hause auf die Gruppenarbeit vor; sie sammeln zum Beispiel themenrelevante Textstellen und formulieren Lö-
sungsvorschläge. Die Gruppenarbeit selbst dient der Zusammenschau und Auswertung des
Materials.

Gruppe A
Thema: Erzähler und Erzählperspektive
Aufgaben

1 Untersucht, welche Rolle der Erzähler spielt.

2 Aus welcher Perspektive stellt der Erzähler die Figuren und Ereignisse dar?

3 Erörtert, wie es auf den Leser wirkt, wenn der Autor eine solche Perspektive wählt.

4 Wie hätte es die Erzählung verändert, wenn Lenz die Geschichte a) mit Freytag oder Fred
als Ich-Erzähler, b) mit Kommentierungen durch einen allwissenden Erzähler geschrieben
hätte?

Hinweise

– Achtet darauf, ob der Erzähler durch Kommentare und Erläuterungen in Erscheinung tritt
und möglicherweise Hilfen zum Verständnis gibt.

– Prüft, ob der Erzähler hinter seinen Figuren zurücktritt.

– Beachtet den Anteil der wörtlichen Rede und der szenischen Darstellungen. (In szenischen

Darstellungen werden Figuren und Handlungen ganz unmittelbar, wie in einem dramatischen Text oder wie auf der Theaterbühne, dargeboten.)

– Bekommt der Leser Einblick in Gefühlsregungen oder Gedanken der Figuren?

– Diskutiert, ob die von Lenz bevorzugte Erzählperspektive Identifikation oder Distanzierung des Lesers begünstigt. Als Erzählperspektive bezeichnet man den Blickwinkel, aus dem der Erzähler Figuren und Handlungen darstellt. Bei der Er-Erzählung kennt man den auktorialen, allwissenden Erzähler, der alles überschaut und eine unbegrenzte Perspektive hat, der sich einmischen und der kommentieren kann, und den personalen Erzähler, der vor allem das wiedergibt, was eine Figur der Erzählung wahrnehmen kann, wodurch sich der Erzähler stark einschränkt.

Alternativen

– Wählt eine kürzere szenische Passage und schreibt sie in einen Erzählbericht um. In Frage kommt zum Beispiel die Szene, in der vom Aufenthalt der Mitglieder des Versorgungsbootes auf dem Feuerschiff erzählt wird (S. 86 ff.), oder jene Szene, in der Freytag seine Untergebenen zwingt, von ihrem Plan, die Verbrecher zu überwältigen, abzulassen (S. 40 f.).

– Schreibt einen Erzählerkommentar. Überlegt zunächst, wo er eingefügt werden, was bzw. wer kommentiert werden, welchen Inhalt und welche Tendenz er haben soll.

Gruppe B

Thema: Die Zeit

Aufgaben

1 Welche konkreten Zeitangaben finden sich in der Erzählung? Wie bedeutsam ist der geschichtliche Hintergrund?

2 Wie viel Zeit vergeht zwischen den Ereignissen am Anfang und am Ende der Handlung? Was wird ausführlich, was knapp erzählt? Wo gibt es Auslassungen? Welche Akzente setzt der Erzähler?

3 Es gibt unterschiedliche Zeitebenen. Wo verlässt der Erzähler die fiktive Gegenwartsebene und erzählt von Vergangenem? Wie verschränkt er die Ebenen?

4 Welche Funktion haben die Rückwendungen, mit denen der Erzähler vom chronologischen bzw. linearen Erzählen abweicht?
Welche Bedeutung haben Ereignisse der Vergangenheit für die Gegenwartshandlung?

Alternative

Zeichnet einen Zeitstrahl, auf dem a) die unterschiedliche Dauer einiger Geschehnisse kenntlich gemacht ist, b) die Rückblenden positioniert sind.

Gruppe C

Thema: Der Raum

Aufgaben

1 Welche realen Ortsangaben finden sich in der Erzählung? Ihr könnt eine Skizze machen.

2 Zentraler Schauplatz ist das Feuerschiff. Wie beeinflusst ein so begrenzter Raum die Handlung und das Verhalten der Personen?

3 Wodurch und wie gut gelingt es dem Erzähler, diesen Handlungsraum zu veranschaulichen?

4 Mit welchen Mitteln vergegenwärtigt der Erzähler die Meereslandschaft? Welche Bedeutung haben die Schilderungen des Naturraums für die Erzählung?

5 Welcher Raum wird zum Symbol? Welche Hinweise gibt der Text selbst? (Ihr solltet euch mit Gruppe E austauschen.)

Gruppe D

Thema: Spannung

Aufgaben

1 Spannung soll das Interesse des Lesers erregen und wachhalten. – Zeichnet eine Spannungslinie, die die gesamte Erzählung berücksichtigt.

2 Tragt auf dieser Linie solche Ereignisse ein, die als deutlich spannungssteigernde Impulse wirken.

3 Untersucht, wo der Erzähler mit Andeutungen arbeitet und welche Bedeutung sie für das Erzeugen von Spannung haben.

4 Benennt einige Textpassagen, die in auffälliger Weise Spannung hemmen, die euch möglicherweise als langweilig erscheinen.

5 Wie löst der Erzähler Spannung?

Gruppe E

Thema: Symbolik

Aufgaben

1 Symbole sind Zeichen, die über sich selbst auf etwas Allgemeineres verweisen (Ring, Lö-

we, Waage). Der Bedeutungsinhalt ist umfassender als der des Gegenstandes als solchem. Welche Gegenstände sind in dieser Erzählung Symbole? (Ihr solltet euch mit Gruppe C austauschen.)

2 Was symbolisieren sie und wodurch werden sie zu Symbolen?

3 Welche Verhaltensweisen Freytags und Casparys haben symbolische Bedeutung? Was symbolisieren sie?

4 Wenn in einem literarischen Werk bestimmte Sprachbilder, Wortfolgen bzw. Redewendungen und Gegenstände wiederholt auftreten, spricht man von Leitmotiven. Der Begriff stammt ursprünglich aus der Musik und meint Melodieteile, die in einem Werk wiederholt werden. – Wie wirkt auf euch, dass im *Feuerschiff* Verhaltensweisen Freytags und Casparys in annähernd gleicher Wortwahl mehrfach erwähnt werden? Welche Absicht des Autors vermutet ihr?

Anregungen für handlungs- und produktionsorientierten Unterricht

Eine Boulevard-Zeitung erfährt von den Vorkommnissen an Bord des Feuerschiffs und bringt eine groß aufgemachte Story auf Seite 1. Die Schüler schreiben in Gruppen die Schlagzeilen und den Artikel.

Das Seefahrtsamt gibt eine offizielle Presseerklärung heraus.

Ein Schüler oder eine Schülerin übernimmt die Rolle von Freytag oder Fred oder Caspary und beantwortet Fragen der Lerngruppe zur Person, zu Handlungsweisen und Beweggründen.

Die Seiten, die Caspary aus dem Logbuch entfernt hat, finden sich wieder.

Mannschaftsmitglieder und Fred diskutieren, ob sie einen Nachruf auf Freytag schreiben sollen und was in ihm stehen könnte.

Die Mannschaft schreibt einen ausführlichen Nachruf auf ihren Kapitän.

Freytag erhält posthum eine hohe Auszeichnung. Die Schüler schreiben einen Begleittext, in dem Freytag ausführlich gewürdigt wird.

Fred erzählt viele Jahre später seiner Tochter von den Vorkommnissen auf dem Feuerschiff, von dem Auftreten ihres Großvaters und von seiner eigenen Rolle.

Annahme ist, dass Freytag überlebt. Er muss sich vor einem Ausschuss rechtfertigen.

Auf die Frage eines Literaturkritikers, was ihn, Siegfried Lenz, an den Reaktionen auf seinen Roman am meisten gefreut habe, antwortete er, dies seien die Entwürfe der Leser, mit denen das offene Ende „weitergesponnen" wird. – Schreibt ein „weiteres" Schlusskapitel.

Schüler stellen die Schlussszene, die an einen Showdown in einem Western erinnert, pantomimisch dar. Zu überlegen ist, ob die Pantomime mit Musik unterlegt werden soll.
Schüler spielen das Ende der Romans als dramatische Bühnenszene.

Themenvorschläge für Klassenarbeiten

Beschreibt ausführlich, welche Absichten a) die Verbrecher, b) Kapitän Freytag, c) die Mannschaft verfolgen.
Welche Konfliktsituation entsteht hieraus für Freytag?

Beschreibt und erklärt das Verhältnis zwischen Freytag und seinem Sohn Fred. Belegt eure Ausführungen mit Textstellen.

Beschreibt und erklärt die grundsätzlichen Positionen der beiden Hauptfiguren Freytag und Caspary.

Von dem Schriftsteller Franz Kafka stammt der Satz „Eines der wirksamsten Verführungsmittel des Bösen ist die Aufforderung zum Kampf".
Erläutert zunächst, wie ihr dieses Zitat versteht. - Legt danach ausführlich dar, inwieweit die Ereignisse auf dem Feuerschiff die Richtigkeit dieses Satzes bestätigen oder widerlegen.

Erläutert, welche Bedeutung zurückliegende Ereignisse für die Handlungsweise einzelner Personen haben.

Als sich Freytag an die „weiße Stadt unten in der Ägäis" erinnert, heißt es im Text: „die Stadt, in der die Wurzeln seines Gedächtnisses für immer liegen würden" (S. 55).
Wie deutet ihr diese Aussage?
Ihr solltet die Frage in vier Teilschritten beantworten:
– Referiert zunächst möglichst knapp, was sich „unten in der Ägäis" ereignet hat.
– Erläutert die Rolle, die Freytag als Kapitän der „Klintje" gespielt hat.
– Beschreibt die Rolle, die Freytag als Kapitän des Feuerschiffs spielt.
– Fasst zusammen, was das Bild von den „Wurzeln des Gedächtnisses" bedeutet.

Hinweise auf audiovisuelle Materialien und Sekundärliteratur

Film

Das Feuerschiff

Regie: Ladislao Vajda

Buch: Curt Siodmak

85 Minuten, s/w

1962

Das Feuerschiff

Regie: Jerzy Skolimovski

Drehbuch: William May, David Taylor

Darsteller: Klaus Maria Brandauer als Käptn Miller, Robert Duvall als Caspary u. a.

90 Minuten

1986

Die Handlung spielt zehn Jahre nach dem Zweiten Weltkrieg vor der Küste von Norfolk, Virginia. Der Kapitän hat, anders als in der Vorlage, nicht Hilfe unterlassen, sondern durch bezahltes Eingreifen im Krieg Menschenleben auf dem Gewissen.

Das Feuerschiff

Regie: Florian Gärtner

Drehbuch: Lothar Kurzawa

Darsteller: Jan Fedder als Freytag, Axel Milberg als Caspary u. a.

90 Minuten

2007

Hörbuch

Das Feuerschiff

Gelesen von Siegfried Lenz

3 Kassetten

Hamburg: Hoffmann und Campe 1997

Das Feuerschiff

Gelesen von Volker Lechtenbrink

3 CDs

2008

Sekundärliteratur

Essig, Rolf-Bernhard: Wann ist ein Held ein Held? München: Hanser 2010

Maletzke, Erich: Siegfried Lenz. Eine biographische Annäherung. Springe: zu Klampen! ²2006

Merkelbach, Valentin: *Das Feuerschiff*. – In: Interpretationen zu Siegfried Lenz, verfasst von einem Arbeitskreis. München: Oldenbourg ³1973, S. 36 – 53

Reber, Trudis: Siegfried Lenz. Berlin: Colloquium ³1986

Reich-Ranicki, Marcel: Mein Freund Siegfried Lenz. – In: Frankfurter Allgemeine Zeitung vom 17. März 2006

Reinsch, H./Thinnes, N.: Siegfried Lenz: *Das Feuerschiff*. – In: PZ-Informationen Deutsch. Heft 1: Produktions- und handlungsorientierter Literaturunterricht. Hrsg. vom Pädagogischen Zentrum Rheinland-Pfalz. Bad Kreuznach 1990, S. 49 – 69

Russ, Colin (Hrsg.): Der Schriftsteller Siegfried Lenz. Urteile und Standpunkte. Hamburg: Hoffmann und Campe 1973

Text und Kritik. Zeitschrift für Literatur. Hrsg. von Heinz Ludwig Arnold. Heft 52: Siegfried Lenz. München ²1982

Thinnes, N.: *Das Feuerschiff* – Verfilmung. In: PZ-Informationen, a.a.O., S. 70 – 78 (Der Filmanalyse liegt die Verfilmung von Jerzy Skolimovski zugrunde.)

Wagener, Hans: Siegfried Lenz. München: Beck und Edition Text + Kritik ⁴1985 (Autorenbücher, 2)

Wagener, Hans: Siegfried Lenz: *Das Feuerschiff*. – In: Erzählungen des 20. Jahrhunderts. Bd. 2. Stuttgart: Reclam 1996

Wolff, Rudolf (Hrsg.): Siegfried Lenz. Werk und Wirkung. Bonn: Bouvier 1985 (Sammlung Profile, Bd. 15)